처음 만드는 선캐처

당신의 매일이 반짝이길

처음 만드는 선캐처

프롬루 지음

◆

만족도 최고의 햇빛 소품, 선캐처 만들기 20

◆

황금시간

커튼을 열고
가만히 빛 조각을 바라보는 아침

어릴 때부터 유독 햇빛을 좋아했어요. 해가 나면 쌩쌩하고 날이 흐리면 왠지 시들시들했죠. 물결 위의 반짝임(윤슬)이라든가 나뭇잎 사이로 비추는 햇살 같은 것을 특히 좋아했고 식탁 위 햇빛을 받은 유리컵 그림자도 예뻐서 늘 사진을 찍었어요.

저는 영어를 쭉 공부했고 대학원까지 마친 후 강의를 하며 지냈어요. 그러다 해외 사이트에서 우연히 발견한 선캐처가 마음에 콕 박혔어요. '내가 좋아하는 것을 물건으로 실체화하면 바로 이런 게 아닐까?' 싶은 거예요. 너무 갖고 싶어서 무작정 자재 시장으로 가서 재료들을 샀어요. 그리곤 첫 선캐처를 만들었죠. 다행히 손으로 뭔가 만드는 걸 좋아하는데다 손재주도 제법 있는 편이라 어렵지 않게 완성했죠.

선캐처에서 빛 조각이 퍼지는 모습을 보니 마음이 예뻐지는 느낌이었어요. 그 뒤로 선캐처의 빛 조각이 내 방을 채울 때면 '이걸 다른 누군가의 방에도 뿌려주면 좋을 텐데. 다른 사람의 일상도 이렇게 반짝이면 좋을 텐데' 싶었어요.

그렇게 저는 '예쁜 거 만드는 사람'이 되었고 이제는 핸드메이드 소품숍 '프롬루'로 사람들의 방을 찾아갑니다. 앞으로도 천천히 꼼꼼히 꾸준히, 선캐처와 함께 빛나는 순간을 나누는 게 제 바람입니다.

얼마 전 힘이 되는 후기를 읽은 적이 있어요. 마음이 힘든 일이 있어 커튼을 쳐놓고 캄캄한 방에서만 지내시다가 프롬루 선캐처를 선물 받고는 빛 조각을 보려고 커튼을 열게 되었다는 분이었어요. 선캐처가 만들어내는 무지개를 보려고 매일 아침을 기다리게 되고, 그러면서 일상을 되찾게 됐다는 글을 남겨주셨어요.

이 후기를 읽고 정말 기뻤어요. 바로 이런 게 제가 전하고 싶은 반짝임이었거든요. 하나의 인테리어 소품일 뿐이지만 누군가에게는 일상을 되찾아주는 위로가 되는구나 싶어 정말 기쁘고 감사했어요.

선캐처는 간단한 방법으로 쉽게 만들 수 있는 인테리어 소품입니다. 거창한 장비나 많은 시간이 필요하지도 않아요. 그런데도 햇빛을 집안으로 들이고 반짝이는 빛 조각을 뿌려주는 효과는 기대 이상으로 만족스럽죠. 아직 많이 알려지지 않은 만큼 특별한 선물이 될 수도 있고요.

이 책을 쓴 이유도 더 많은 분들께 선캐처를 알리고 싶어서입니다. 누군가 이 책을 보고 직접 만든 선캐처로 행복해진다면 저는 더없이 기쁠 거예요.

책에 소개한 선캐처들은 제가 드리는 디자인 제안일 뿐이에요. 직접 시장에 가서 많은 재료를 보면 더 참신하고 멋진 선캐처를 만드실 수 있을 거라 생각해요. 이 책이 그런 출발점이 되길 바라는 마음입니다. 처음 선캐처를 만들어보겠다고 몇 시간 동안 자재 시장을 헤매던 저를 떠올리며, 그때의 나에게 알려주고 싶은 정보들을 모두 담고자 했어요. 어떤 재료를 어디서 사야 할지, 어떤 구성으로 디자인할지, 도구는 어떻게 사용하는지, 어떻게 크리스털을 매달고 체인을 잇는지, 선캐처 만들기의 모든 것을 친절하게 소개하고자 했어요. 재료와 도구만 준비하면, 사진을 보며 그대로 따라 하기만 해도 선캐처를 완성하실 수 있을 거예요.

사랑하는 나의 베프 제리와 사자, 내가 뭘 하든 늘 믿어주는 엄마아빠, 항상 응원해주는 우리 가족 그리고 친구들. 책에 관해 아무것도 모르는 저를 (말 그대로) 발굴하고 책을 만들어주신 편집자님과 황금시간 출판사 관계자 분들, 프롬루를 사랑해주시는 모든 분들, 그리고 지금 이 글을 읽고 계신 독자 분들께 감사의 인사를 전합니다.

프롬루 이우경

CONTENTS

01／SUNCATCHER

집 안 에
빛 을
들 이 다

베란다나 창가, 벽 등에 거는 인테리어용 선캐처 만들기

빈티지 무드 · 048

바닷소리 · 052

월행잉 · 056

크리스마스 · 060

드림 선캐처 · 064

마크라메 선캐처 · 068

02 / SUNCATCHER

일상을
빛내다

**가방이나 자동차 실내에 걸거나,
키링으로 활용할 수 있는 선캐처 소품 만들기**

빛방울 · 072

라탄링 · 074

트로피컬 · 076

리본타이 · 078

탄생석 · 080

미니 드림 · 082

03 / SUNCATCHER

선 캐 처
만 들 기 의
기 초

선캐처 상식부터 재료 구매 정보, 쉽게 배우는 기법까지

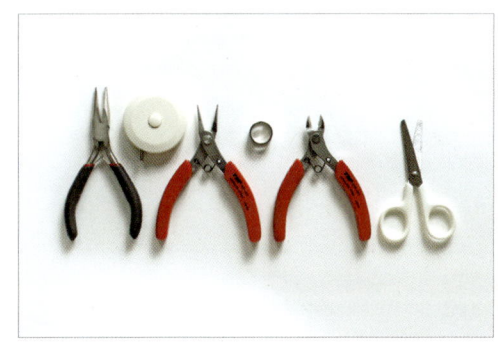

집 안 에
빛 을
들 이 다

베란다나 창가, 벽 등에 거는 인테리어용 선캐처 만들기

자연의 빛으로 집안을 더 예쁘게!
선캐처를 타고 들어온 햇살이 창가에 자리 잡으면
흩뿌린 빛 조각이 꿈결인 듯 살랑거립니다.
내가 웃을 수 있는, 나를 가만히 위로하는
눈부신 날이 늘었습니다.

별을 따는 고양이

모두가 잠든 밤에는 조용히 달에 앉아서 별을 따다가,
아침에 되면 방에 빛 조각을 뿌려주는 고양이를 상상하며 만든 작품입니다.

01/

The first suncatcher

별을 따는 고양이

난이도 ★☆☆
길이 71cm
너비 4cm

재료 | 달고양이 프레임 40×40mm 1개, 진주 양고리 펜던트 20×20mm 1개, 지구볼 커팅 크리스털 40mm 1개, 라운드 커팅 크리스털 16mm 5개, O링 13개(굵기 0.8mm 지름 4mm 10개, 굵기 1mm 지름 6mm 2개, 굵기 12mm 지름 10mm 1개), 9핀 굵기 0.7mm 길이 24mm 5개, 별체인 4cm 1개, 사슬체인 3개(3cm, 9cm, 30cm 각 1개), 랍스터 고리 12mm 1개

도구 | 평집게, O링반지, 니퍼, 구자말이

기법 | (93~94p 참조) O링 열고 닫기, 구자말이 사용하기

── 01 ──

4mm O링으로 별체인과 3cm 사슬체인을 연결한다.

── 02 ──

달고양이 프레임 아래쪽에 6mm O링으로 1번의 별체인 쪽을 연결한다.

── 03 ──

16mm 크리스털 5개에 24mm 9핀을 각각 끼워 고리를 만든다.

── 04 ──

3번의 크리스털 하나에 4mm O링으로 진주 양고리 펜던트를 연결한다.

── 05 ──

3번의 나머지 크리스털 4개는 4mm O링을 사용해 한 줄로 잇는다.

── 06 ──

4번과 5번을 4mm O링으로 사진과 같이 연결한다.

07

1번의 사슬체인 끝에 4mm O링으로 6번을 연결한다.

08

10mm O링을 열어서 메인(지구볼) 크리스털을 끼우고 다시 닫는다.

09

7번의 크리스털 쪽 끝부분과 8번을 4mm O링으로 사진과 같이 연결한다.

10

9cm 체인 한쪽에 랍스터 고리를 연결한다.

11

6mm O링으로 9cm 체인과 30cm 체인을 연결한다.

12

30cm 체인의 끝 부분과 9번의 달고양이 고리 부분을 4mm O링으로 연결한다. 완성.

우주여행

별과 달, 우주선 펜던트를 달고,
행성들을 연상시키는 화석구슬을
연결해 완성한 선캐처입니다.
우주선을 타고 우주여행을 하는
기분!

02

우주여행

난이도 ★☆☆
길이 78cm
너비 5.4cm

재료 | 홀로그램 양고리 펜던트 20×13mm 1개, 행성 펜던트 27×25mm 1개, 우주선 펜던트 20×12mm 1개, 채색 화석구슬 10mm 6개, 사각 크리스털(연노랑) 18×12mm 2개, 별모양 크리스털 15mm 1개, 달모양 크리스털 20mm 1개, 타원 커팅 크리스털(블랙) 22×18mm 1개, 월광석 지름 10mm 1개, 팽이 크리스털 54×42mm 1개, O링 14개(굵기 0.8mm 지름 4mm 13개, 굵기 1mm 지름 6mm 1개), 더블O링 지름 15mm 1개, 9핀 6개(굵기 0.7mm 길이 24mm 4개, 30mm 1개, 40mm 1개) 체인 4개(3cm, 6cm, 9cm, 30cm 각 1개), 랍스터 고리 12mm 1개

도구 | 평집게, O링반지, 구자말이

기법 | (93~94p 참조) O링 열고 닫기, 구자말이 사용하기

모티브 만들기

01

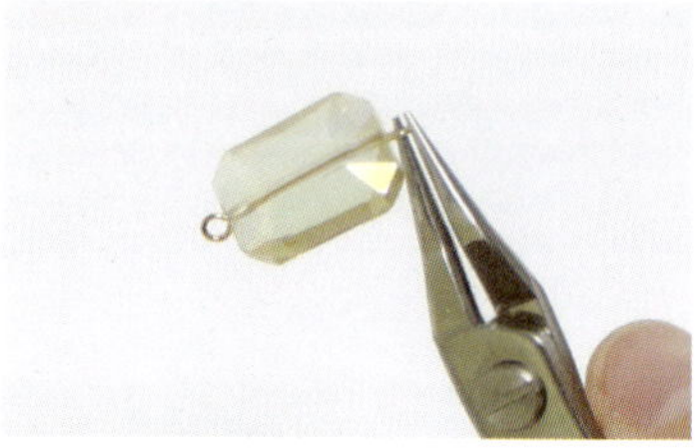

사각 크리스털 2개에 24mm 9핀을 각각 끼운 뒤 구자말이로 고리를 만든다.

02

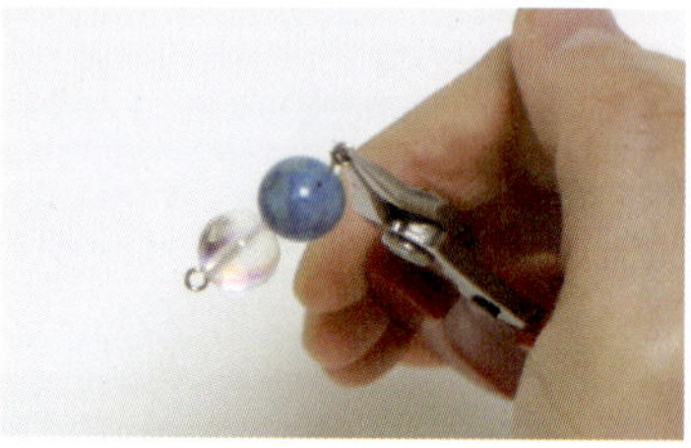

24mm 9핀 하나에 월광석과 하늘색 화석구슬을 같이 끼우고 고리를 만든다.

03

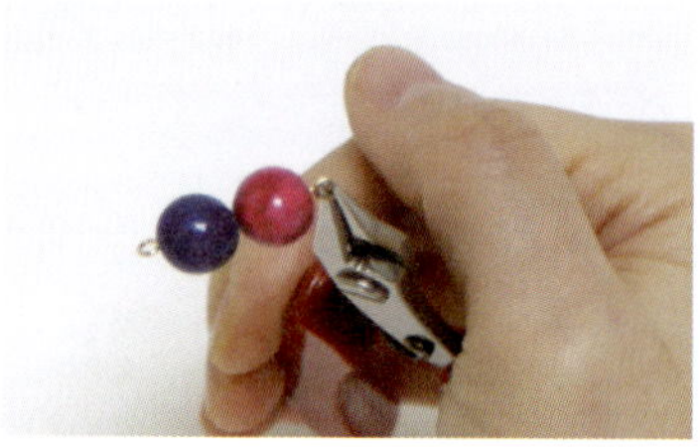

핑크색과 남색 화석구슬에도 24mm 9핀을 끼워 고리를 만든다.

04

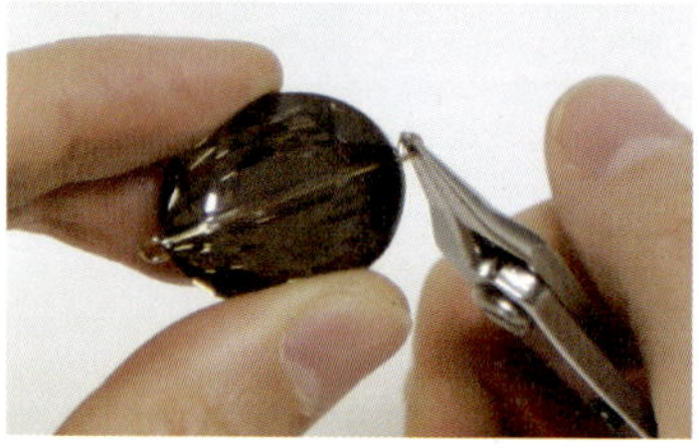

블랙 타원 크리스털에 30mm 9핀을 끼워 고리를 만든다.

05

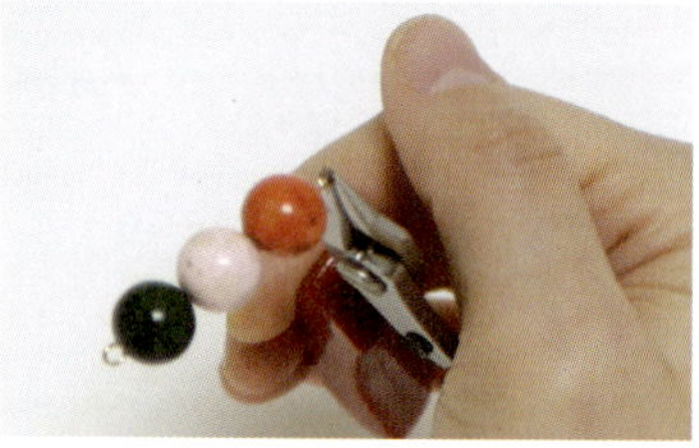

40mm 9핀에 초록, 살구, 주황색 화석구슬을 순서대로 꿴 다음 고리를 만든다.

06

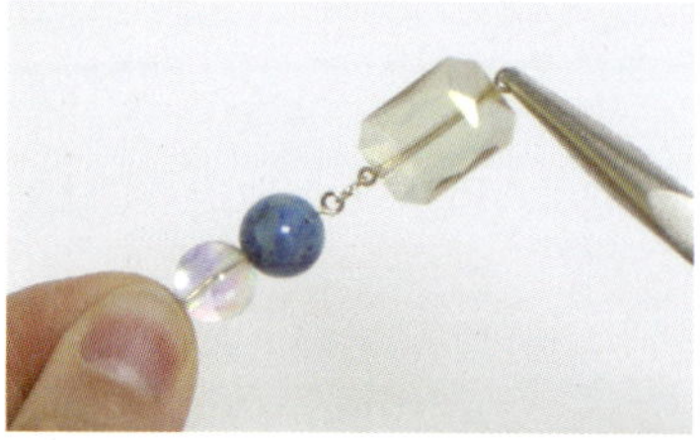

1번의 사각 크리스털 한 개와 2번의 화석구슬 쪽 고리를 4mm O링으로 연결한다.

07

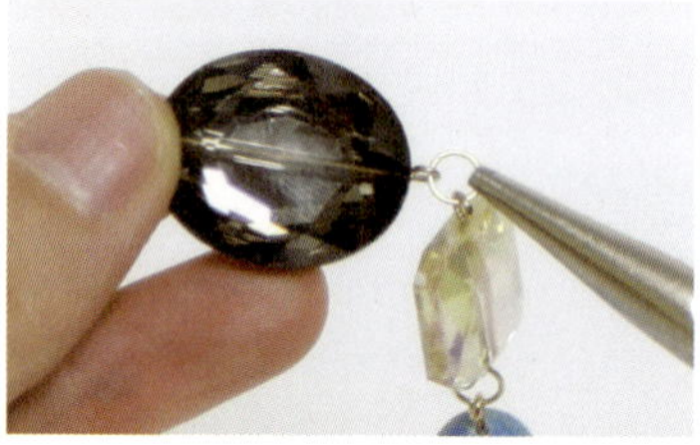

6번의 사각 크리스털과 4번의 블랙 타원 크리스털을 4mm O링으로 연결한다.

08

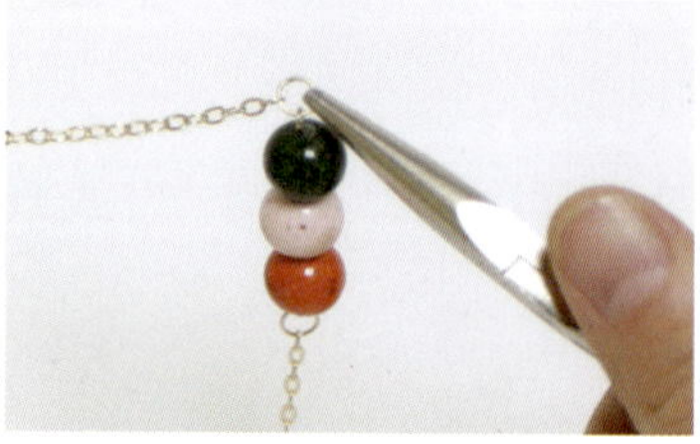

5번의 초록색 화석구슬 쪽에 6cm, 주황색 쪽에 3cm 체인을 각각 단다.

09

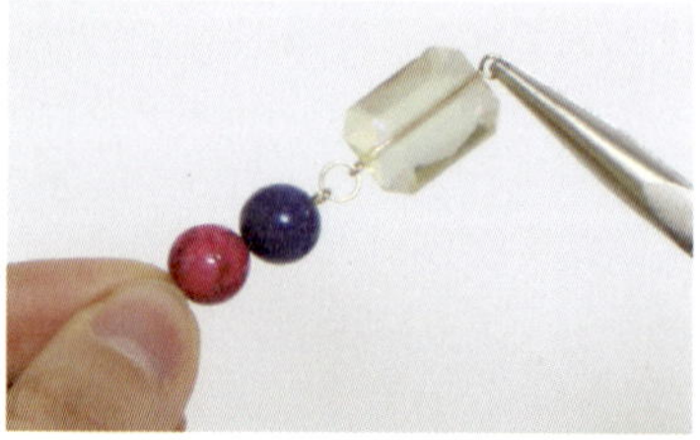

1번의 남은 사각 크리스털과 3번의 남색 화석구슬 쪽 고리를 4mm O링으로 연결한다.

— 10 —

우주선 펜던트 아래로 9번의 사각 크리스털 부분을 4mm O링으로 연결한다.

— 11 —

우주선 펜던트 위쪽으로 홀로그램 양고리 펜던트를 4mm O링을 이용해 연결한다.

— 12 —

8번의 6cm 체인 끝에 7번의 블랙 크리스털을 연결한다.

— 13 —

8번의 3cm 체인 끝에 11번의 화석구슬을 연결한다.

— 14 —

13번의 3cm 체인 위쪽에 우주선 펜던트를 단다. 펜던트 중심이 체인 중간에 위치하도록 다는 것이 포인트.

— 15 —

12번의 6cm 체인 위쪽 1/4 지점에 별 모양 크리스털을 달고, 1/2 지점에 달 모양 크리스털을 단다.

연결하기

— 16 —

더블O링에 15번의 월광석 쪽 고리와 메인 크리스털(팽이 크리스털)을 함께 끼워 연결한다.

— 17 —

9cm 체인 한쪽에 랍스터 고리를 연결한다.

— 18 —

6mm O링으로 9cm 체인과 30cm 체인을 연결한다.

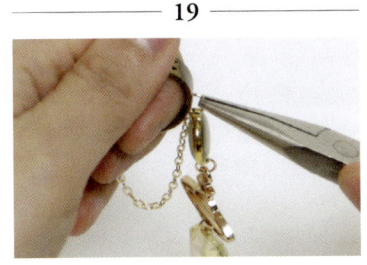

— 19 —

17번의 30cm 체인 끝과 16번의 홀로그램 양고리 펜던트 쪽을 연결한다. 완성.

퍼플 드림

커다란 입체 큐빅 장식으로
포인트를 준 선캐처입니다.
보라색 크리스털은 빛 조각도
보라색이에요!

03

The first suncatcher

퍼플 드림

난이도 ★☆☆
길이 72cm
너비 4cm

재료 | 큐브 입체 프레임 22×32mm 1개, 축구볼 크리스털(AB) 8mm 3개, 축구볼 크리스털(보라 코팅) 6mm 3개, 원반 크리스털(연보라색) 8mm 3개, 원반 크리스털(보라색) 10mm 1개, 지구볼 커팅 크리스털(보라색) 40mm 1개, O링 11개(굵기 0.8mm 지름 4mm 7개, 굵기 1mm 지름 6mm 3개, 굵기 12mm 지름 10mm 1개), 체인 5개(3cm 3개, 9cm, 30cm 각 1개), 9핀 3개(굵기 0.7mm, 길이 16mm, 30mm, 50mm 각 1개), 랍스터 고리 12mm 1개

도구 | 평집게, O링반지, 구자말이

기법 | (93~94p 참조) O링 열고 닫기, 구자말이 사용하기

01

50mm 9핀에 8mm 축구볼(AB)과 6mm 축구볼(보라 코팅) 크리스털을 번갈아 꿴 다음 구자말이로 고리를 만든다.

02

10mm 원반 크리스털에 16mm 9핀을 넣고 고리를 만든다.

03

30mm 9핀에 8mm 원반 크리스털 3개를 한꺼번에 넣고 고리를 만든다.

04

1번의 양쪽에 4mm O링으로 3cm 체인을 연결한다.

05

4mm O링으로 4번의 6mm 축구볼 크리스털 쪽 체인에 2번의 원반 크리스털을 연결한다.

06

큐브 입체 프레임 한쪽(모서리)에 3번의 한쪽 고리를 6mm O링으로 연결한다.

6mm O링으로 큐브 입체 프레임의 반대쪽 모서리에 3cm 체인을 연결한다.

4mm O링으로 7번의 체인과 5번의 원반 크리스털 고리를 연결한다.

40mm 지구볼 커팅 크리스털에 10mm O링을 끼우고 닫는다.

4mm 오링을 이용해 지구볼 커팅 크리스털을 4번의 8mm 축구볼 크리스털 쪽 체인에 단다.

9cm 체인 한쪽에 랍스터 고리를 연결한다.

9cm 체인과 30cm 체인을 6mm O링으로 연결한다.

6번의 원반 크리스털 고리에 4mm O링으로 30cm 체인을 연결한다. 완성.

빛의 정원

다채로운 색이 조화롭게 어우러진 정원의 아름다움을 표현한 작품입니다.
코팅 크리스털이 오로라처럼 화려한 빛 조각을 만들어냅니다.

04/

빛의 정원

난이도 ★★☆
길이 70cm
너비 7cm

재료 | 꽃 프레임 70mm 1개, 아크릴 꽃잎
(반투명 핑크) 20×13mm 2개, 물방울 프
레임 58×35mm 1개, 물방울 크리스털
(AB) 38×28mm 3개, A컷 크리스털 13
×6mm 10개(투명 4개, 핑크 4개, 블루 1
개, 그린 1개), 꽃모양 크리스털 12mm 2
개(투명 1개, 핑크 1개), 나비모양 크리스
털(AB) 14×12mm 1개, 스팽글(AB)
20mm 4개, O링 33개(굵기 0.8mm 지
름 4mm 25개, 굵기 1mm 지름 6mm 7
개, 굵기 0.7mm 지름 10mm 더블O링 1
개), 굵기 0.7mm 길이 50mm 9핀 2개,
굵기 0.7mm 길이 20mm 볼핀 4개, 체인
6개(사슬 3cm 2개, 6cm 2개, 9cm 1개,
30cm 1개), 컬러 크리스털 체인 10cm 1
개, 랍스터 고리 12mm 1개

도구 | 평집게, O링반지, 니퍼, 구자말이

기법 | (93~94p 참조) O링 열고 닫기, 구
자말이 사용하기

모티브 만들기

─ 01 ─

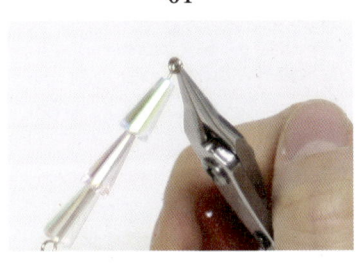

50mm 9핀에 A컷 크리스털을 3개씩
넣은 다음 구자말이로 고리를 만든다.
핑크-투명-핑크(a) 1개, 투명-핑크-
투명(b) 1개를 만든다.

─ 02 ─

남은 A컷 크리스털에 볼핀을 넣고 각
각 고리를 만든다.

─ 03 ─

6cm 체인의 한쪽 끝에 6mm O링으로
핑크색 꽃모양 크리스털을 달고, 체인
의 1/3, 2/3 지점에 4mm O링으로 스
팽글 2개를 단다.

— 04 —

3번 체인의 끝과 1번 a의 윗부분을 4mm O링으로 사진과 같이 연결한다.

— 05 —

4mm O링으로 3cm 체인의 끝에 아크릴 꽃잎을, 체인 중간쯤에 스팽글 하나를 단다.

— 06 —

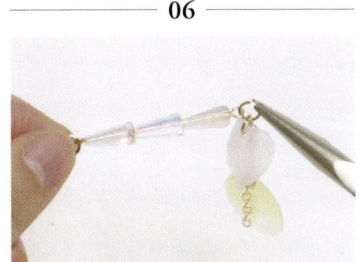

4번의 A컷 크리스털 아랫부분과 5번의 꽃잎 고리 부분을 4mm O링으로 연결한다.

— 07 —

6mm O링을 열어서 물방울 크리스털의 구멍에 넣고 닫는다.

— 08 —

4mm O링으로 6번의 체인 끝부분에 물방울 크리스털을 연결한다. 모티브1 완성.

— 09 —

4mm O링으로 6cm 체인의 끝에 아크릴 꽃잎을, 2/3 지점에 스팽글을 달고, 그 가운데에 6mm O링으로 꽃모양 투명 크리스털을 단다.

— 10 —

9번 체인의 아크릴 꽃잎 O링을 4mm O링으로 1번 b의 아래쪽에 연결한다.

— 11 —

6mm O링을 열어서 물방울 크리스털의 구멍에 넣고 닫는다.

— 12 —

9번의 체인 끝부분에 4mm O링으로 물방울 크리스털을 연결한다. 모티브2 완성.

13

6cm 체인에 일정한 간격을 두고 2번의 A컷 크리스털 4개를 4mm O링으로 단다.

14

컬러 크리스털 체인과 13번 체인을 4mm O링으로 연결한다.

15

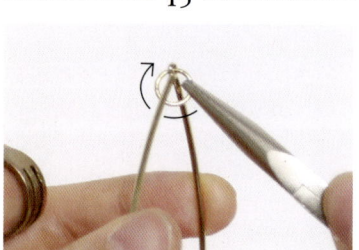

6mm O링을 물방울 프레임 고리에 넣고 닫는다. 이때 O링이 프레임 안쪽에 오도록 한다.

16

6mm O링을 열어 물방울 크리스털의 구멍에 넣고 닫는다.

17

4mm O링으로 15번 프레임의 6mm O링과 물방울 크리스털의 O링을 연결한다.

18

4mm O링으로 14번의 체인 아래쪽에 17번 물방울 프레임 고리를 연결한다. 모티브3 완성.

연결하기

19

꽃 프레임 양쪽에 4mm O링으로 모티브1과 모티브2를 대칭이 되도록 연결한다.

20

가운데에 4mm O링으로 모티브3을 연결한다.

21

9cm 체인 한쪽에 4mm O링으로 랍스터 고리를 연결한다.

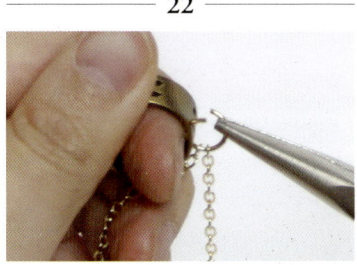

───── 22 ─────

6mm O링으로 9cm 체인과 30cm 체인을 연결한다.

───── 23 ─────

꽃 프레임 위쪽에 4mm O링으로 30cm 체인을 연결한다.

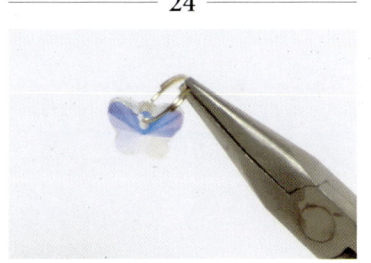

───── 24 ─────

더블O링을 나비 크리스털 구멍에 끼운다.

───── 25 ─────

4mm O링으로 꽃 프레임 4cm 위쪽에 24번을 단다. 완성.

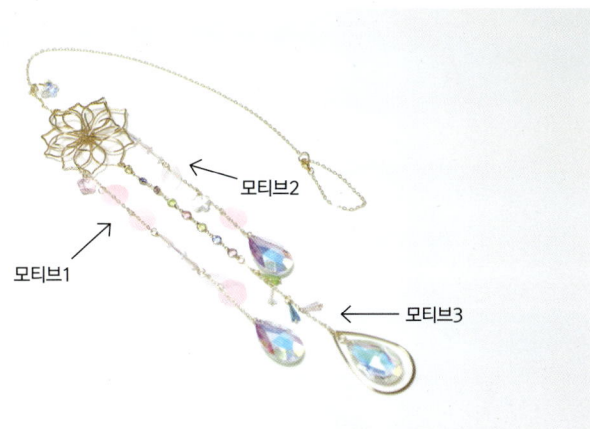

모티브2

모티브1

모티브3

가을바람

가을하늘에 노을이 걸릴 무렵,
살 불어온 바람에 하나둘 지는 낙엽을
떠올리며 만든 작품입니다.
바람에 흔들리는 나뭇잎 펜던트를 보면
마음이 차분해지기도 해요.

난이도 ★★☆

길이 71cm

너비 6cm

재료 | 샹들리에 프레임 60mm 1개, 나뭇잎 펜던트 80~90mm 3개, 지구볼 커팅 크리스틸(골드) 30mm 1개, 라운드 커팅 크리스틸 16mm 2개, 나뭇잎모양 크리스틸 25×15mm 3개, 사각 크리스틸(연노랑) 18×12mm 2개, 오벌 크리스틸 25×12mm 3개, 축구볼 크리스틸(AB) 8mm 6개, 10mm 1개, O링 26개(굵기 0.8mm 지름 4mm 21개, 굵기 1mm 지름 6mm 1개, 굵기 12mm 지름 10mm 1개, 지름 10mm 더블O링 3개), 9핀 9개(굵기 0.7mm 길이 24mm 4개, 30mm 4개, 40mm 1개), 체인 9개(1cm 2개, 2cm 1개, 6cm 3개, 9cm 1개, 12cm 1개, 30cm 1개), 랍스터 고리 12mm 1개

도구 | 평집게, O링반지, 니퍼, 구자말이

기법 | (93~94p 참조) O링 열고 닫기, 구자말이 사용하기

모티브 만들기

— 01 —

40mm 9핀에 16mm 크리스틸, 샹들리에 프레임, 다시 16mm 크리스틸 순서로 끼운다.

— 02 —

9자말이로 고리를 만든다.

— 03 —

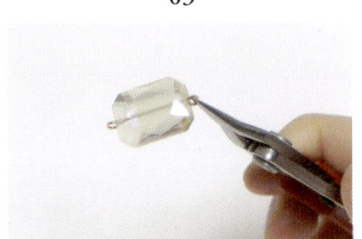

사각 크리스틸 2개에 24mm 9핀을 각각 끼우고 고리를 만든다.

— 04 —

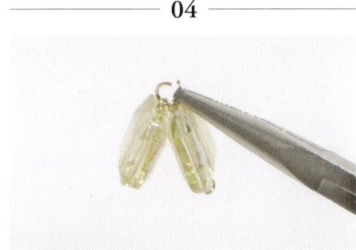

4mm O링으로 3번의 두 사각 크리스틸을 연결한다.

— 05 —

지구볼 커팅 크리스틸에 10mm O링을 넣고 닫는다.

— 06 —

4mm O링으로 지구볼 커팅 크리스틸과 4번의 사각 크리스틸을 연결한다.

— 07 —

4mm O링으로 12cm 체인에 사각 크리스틸을 연결한다. 모티브1 완성.

— 08 —

4mm O링으로 2번의 16mm 크리스틸의 고리와 모티브1의 체인 끝을 사진과 같이 연결한다.

— 09 —

오벌 크리스틸 3개에 30mm 9핀을 각각 넣고 고리를 만든다.

10

24mm 9핀에 10mm, 8mm 축구볼 크리스털을 순서대로 넣고 고리를 만든다.

11

24mm 9핀에 8mm 축구볼 크리스털 두 개를 넣고 고리를 만든다.

12

30mm 9핀에 8mm 축구볼 크리스털 세 개를 넣고 고리를 만든다.

13

4mm O링으로 9번의 오벌 크리스털 한 개와 12번의 축구볼 크리스털을 연결한다.

14

4mm O링으로 13번의 축구볼 크리스털 쪽 고리에 1cm 체인을 연결한다.

15

4mm O링으로 14번의 오벌 크리스털 고리에 나뭇잎 펜던트를 연결한다. 모티브2 완성.

16

4mm O링으로 오벌 크리스털 하나와 11번의 축구볼 크리스털을 연결한다.

17

4mm O링으로 16번의 축구볼 크리스털 쪽 고리에 2cm 체인을 연결한다.

18

17번의 체인 끝에 4mm O링으로 나뭇잎 펜던트를 단다. 모티브3 완성.

19

4mm O링으로 1cm 체인 한쪽에 10번의 축구볼 크리스털을 연결한다.

20

4mm O링으로 체인 다른 한쪽에 오벌 크리스털을 연결한다.

21

4mm O링으로 20번의 오벌 크리스털 고리에 나뭇잎 펜던트를 단다. 모티브 4 완성.

The first suncatcher

연결하기

— 22 —

더블O링으로 나뭇잎 크리스털 3개에 각각 6cm 체인을 연결한다.

— 23 —

4mm O링으로 모티브3을 사진과 같이 샹들리에 프레임 가장자리 안쪽으로 들어간 부분에 연결한다.

— 24 —

네 칸 간격을 두고, 4mm O링으로 모티브2를 샹들리에 프레임에 연결한다.

— 25 —

24번과 같이 다시 네 칸 간격을 두고 모티브4를 샹들리에 프레임에 연결한다.

— 26 —

23~25번의 모티브 사이사이에, 22번의 체인을 4mm O링으로 샹들리에 프레임에 연결한다.

— 27 —

9cm 체인 한쪽에 랍스터 고리를 연결한다.

— 25 —

6mm O링으로 9cm 체인과 30cm 체인을 연결한다.

— 26 —

4mm O링으로 샹들리에 프레임 위쪽 크리스털 고리에 30cm 체인을 단다. 완성.

모티브3

모티브4

모티브1

모티브2

The first suncatcher

메탈링

모던하고 깔끔한 집안 분위기에
잘 어울리는 선캐처입니다.
서로 다른 크기의 메탈링이
서로 엇갈리며 움직이는 모습이
매력적이에요.

06/

메탈링

메탈링

난이도 ★★☆

길이 79cm

너비 10cm

재료 | 메탈링 3개(지름 4.5cm, 6cm, 10cm 각 1개), 라운드 커팅볼 크리스털 16mm 2개, 웨이브 크리스털 18mm 1개, 원반 크리스털 30mm 1개, 지구볼 커팅 크리스털(투명) 30mm 1개, 낚싯줄 0.5mm 길이 80cm 1줄, 고정볼 2mm 11개(확인), 체인 9cm 1개, O링 굵기 0.8mm 지름 4mm 1개, 랍스터 고리 12mm 1개

도구 | 평집게, O링반지, 가위

기법 | (93p 참조) 고정볼 고정하기, O링 열고 닫기

모티브 만들기

─ 01 ─

낚싯줄 한쪽 끝을 30mm 지구볼 커팅 크리스털 구멍에 끼운다.

─ 02 ─

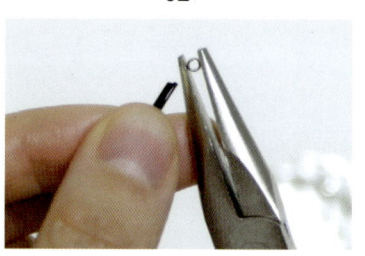

낚싯줄 양끝을 함께 잡고 고정볼(a)을 끼운다.

─ 03 ─

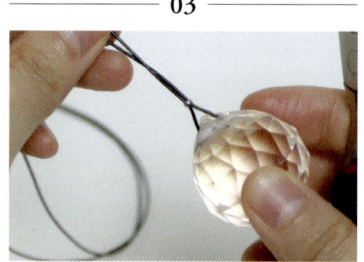

고정볼 a를 손으로 잡고 쭉 내려서 크리스털 바로 위에서 멈춘다.

04

한쪽 줄을 잡아당겨 다른 쪽 줄이 5cm 정도 남도록 만든 다음 고정볼 a 를 집게로 눌러 고정한다.

05

6cm 메탈링을 두 줄 사이에 넣는다.

06

고정볼 하나(b)를 두 줄에 함께 끼우고 메탈링 바로 위에서 집게로 눌러 고정한다.

07

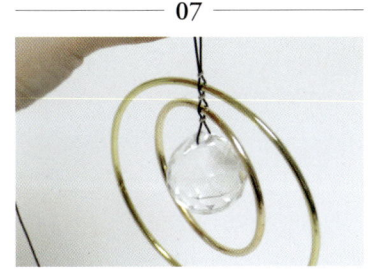

5~6번과 같은 방법으로 사진과 같이 10cm 메탈링을 더 연결한다.

08

가위나 니퍼로 짧은 쪽 낚싯줄을 2mm 정도 여유를 두고 자른다.

09

8번의 메탈링으로부터 4cm 위에 고정볼(d)을 고정하고 16mm 크리스털을 끼운다.

10

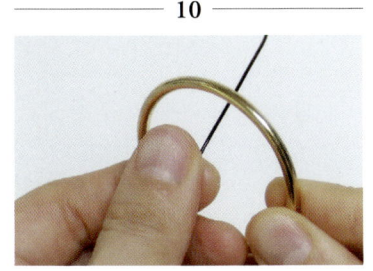

다음으로 고정볼 하나(e)를 더 넣고 4cm 메탈링에 낚싯줄을 통과시킨다.

11

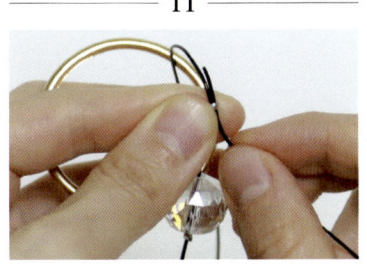

낚싯줄 끝을 고정볼 e 아래에서 위쪽으로 한 번 더 통과시켜 메탈링을 감싸는 동그란 고리를 만든다.

12

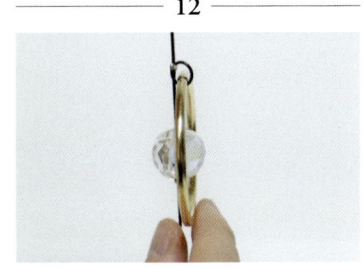

4cm 메탈링이 걸린 상태에서 줄을 당겨 9번의 크리스털이 메탈링의 가운데 위치하도록 조정한 다음 집게로 고정볼 e를 고정한다.

13

12번의 메탈링 약 2cm 위에 새로 고정볼(f)을 고정하고 웨이브 크리스털을 넣는다.

14

다음으로 낚싯줄에 고정볼 하나(g)와 원반 크리스털 한쪽 구멍을 끼운다.

15

낚싯줄을 14번의 고정볼 g에 줄이 나온 방향으로 다시 끼운다.

16

줄을 당겨 13번 웨이브 크리스털의 2cm 위에 오도록 하고 고정볼 g를 고정한 후 남은 줄을 2mm 남기고 자른다.

17

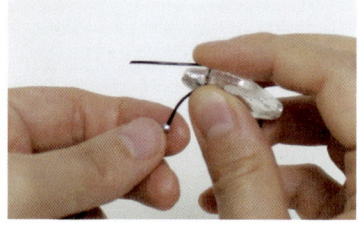

16번에서 잘라낸 낚싯줄 끝을 새 고정볼 하나(h)와 16번의 원반 크리스털 다른 쪽 구멍에 끼운다.

18

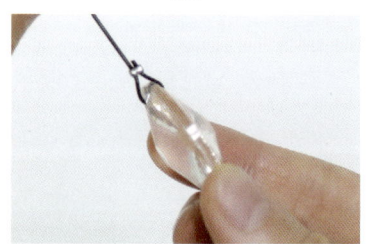

낚싯줄 끝을 살짝 접어 다시 고정볼 h에 끼운 뒤 고정하고, 짧은 쪽 낚싯줄은 2mm 남기고 자른다.

19

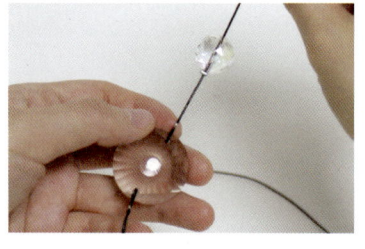

18번의 원반 크리스털 2cm 위에 고정볼(i)을 고정하고 16mm 크리스털을 넣는다.

20

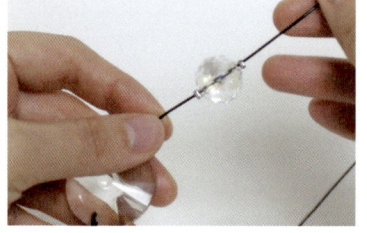

빠지지 않도록 19번의 크리스털 바로 위에 고정볼을 하나(j) 더 고정한다.

21

4mm O링으로 9cm 체인의 한쪽 끝에 랍스터 고리를 연결한다.

The first suncatcher

22	23
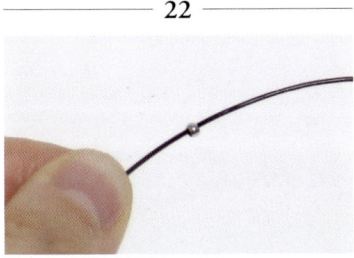	
낚싯줄 끝에 새로 고정볼(k) 하나를 끼운다.	다음으로 21번의 체인 반대쪽 끝부분을 낚싯줄에 끼운다.

24	25
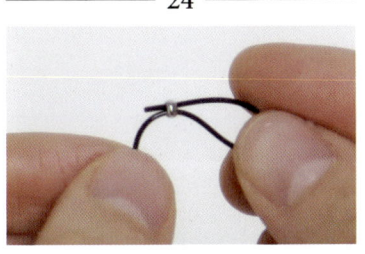	
낚싯줄 끝을 살짝 접어서 고정볼 k에 다시 끼운다.	랍스터 고리를 걸 수 있도록 여유를 남기고 집게로 고정한 후 남은 줄은 2mm 남기고 자른다. 완성.

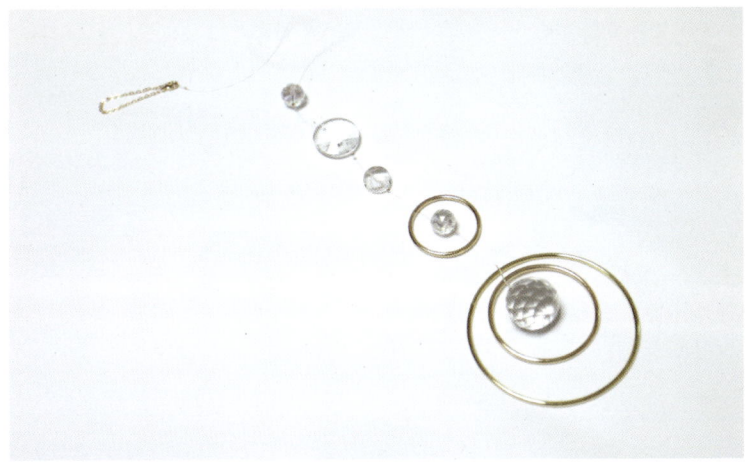

스팽글 모빌

빛을 투과하기보다 반사시키는 스팽글은 크리스털과는 또 다르게 매력적인 빛 조각을 만듭니다.
그림자도 예쁜 스팽글 모빌의 화려한 빛 조각을 만나보세요.

07/

스팽글 모빌

난이도 ★★☆

길이 107cm

너비 11cm

재료 | 메탈링 지름 10cm 1개, 라운드 커팅볼 크리스털 16mm 6개, 스팽글(AB) 40mm 30개, 낚싯줄 9줄(0.5mm 길이 30cm 6줄, 15cm 2줄, 80cm 1줄), 고정볼 2mm 47개, 체인 9cm 1개, O링 굵기 0.8mm 지름 4mm 1개, 랍스터 고리 12mm 1개

도구 | 평집게, O링반지, 가위

기법 | (93p 참조) 고정볼 고정하기, O링 열고 닫기

01

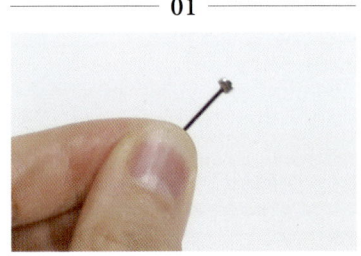

30cm 낚싯줄 한쪽 끝에 고정볼을 하나 고정한다.

02

낚싯줄 반대쪽 끝에 16mm 크리스털을 끼워 고정볼 위로 보낸다.

03

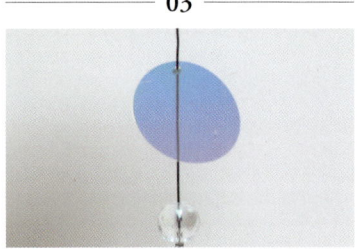

2번의 크리스털 4.5cm 위에 고정볼을 고정하고 스팽글을 하나 끼운다.

04

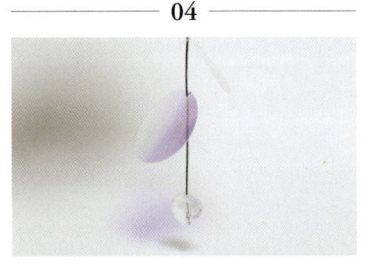

4번의 스팽글 3cm 위에 고정볼을 고정하고 스팽글을 하나 끼운다.

05

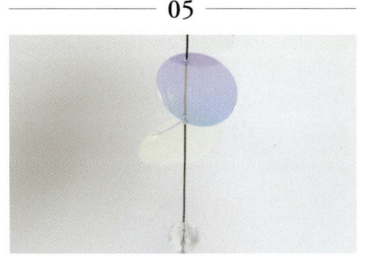

위와 같은 방법으로 3cm 간격으로 스팽글을 3개 더 고정한다(총 5개).

06

1~5번과 같은 방법으로 5개를 더 만든다(총 6줄).

─── 07 ───

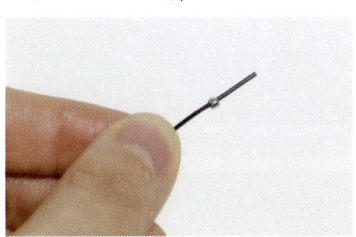

6번의 한 줄 끝에 고정볼(a)을 끼운다.

─── 08 ───

메탈링을 감싼 뒤 고정볼 a에 다시 끼운다.

─── 09 ───

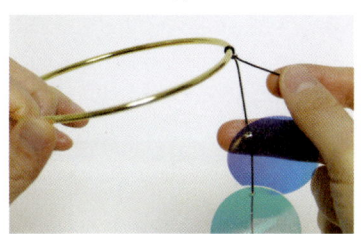

낚싯줄을 당겨 스팽글 3cm 정도 위에 메탈링이 위치하도록 한 다음 고정볼 a를 고정한다.

─── 10 ───

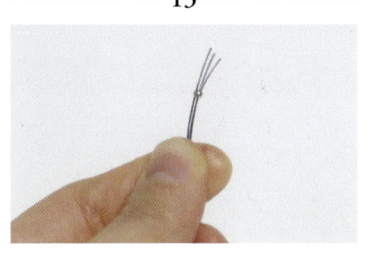

남은 낚싯줄은 2mm 정도 남기고 가위로 자른다.

─── 11 ───

7~10번과 같은 방법으로 남은 5줄도 메탈링에 연결하고 6줄이 같은 간격이 되도록 조정한다.

─── 12 ───

80cm 낚싯줄과 15cm 낚싯줄도 같은 방법으로 메탈링에 연결하는데, 이때 세 줄의 위치는 정삼각형이 되도록 한다.

─── 13 ───

12번의 세 줄을 함께 잡고 고정볼을 끼운다.

─── 14 ───

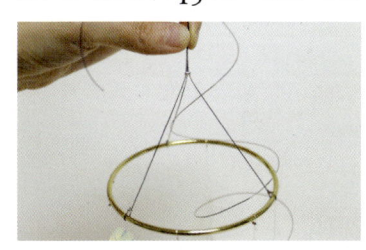

손으로 잡아당겨 메탈링이 수평이 되도록 길이를 조절한다.

─── 15 ───

수평이 맞으면 집게로 눌러 고정볼을 고정한다.

─── 16 ───

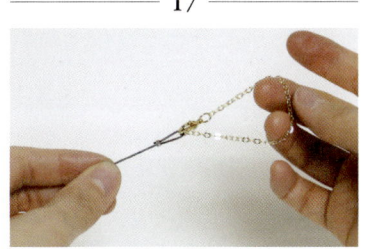

15cm 두 줄의 남은 부분은 2mm 정도 남기고 가위로 자른다.

─── 17 ───

80cm 낚싯줄 끝에 고리를 만들어 체인 고리를 연결한다(38~39p 21~25번 참조). 완성.

꿈꾸는 목마

귀엽고 아기자기한 느낌의 선캐처입니다.
나무 소재의 목마와 은은한 색상의 폼폼,
별 모양 크리스털을 달아
아이 방 소품으로도 잘 어울려요.

꿈꾸는 목마

꿈꾸는 목마

난이도 ★★☆

길이 90cm

너비 6cm

재료 | 아크릴 별 50×50mm 1개, 우드목마 70×64mm 1개, 우드링 36mm 1개, 폼 폼 4개(35mm 핑크, 민트, 보라 각 1개, 60mm 아이보리 1개), 라운드 커팅볼 크리스털 16mm 3개, 원반 크리스털(AB) 42mm 1개, 낚싯줄 0.5mm 길이 90cm 1줄, 트와인 끈 50cm 1개, 고정볼 2mm 8개

도구 | 평집게, 가위

기법 | (93p 참조) 고정볼 고정하기

01

30cm 낚싯줄 끝에 고정볼과 아크릴 별의 고리를 끼운다.

02
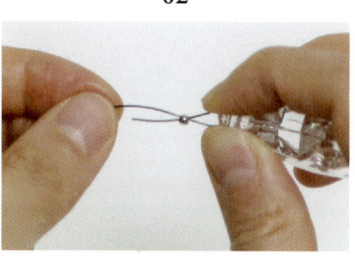

줄 끝을 살짝 접어서 다시 1의 고정볼 에 통과시킨다.

03
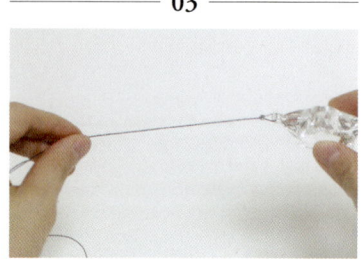

집게로 고정한 후 짧은 쪽 줄을 2mm 남기고 자른다.

04
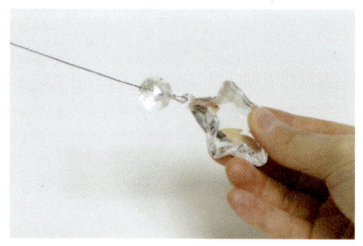

별 위에 16mm 크리스털을 하나 끼운다.

05

다음으로 보라색 폼폼을 낚싯줄에 끼 운다. 잘 들어가지 않을 경우 돗바늘 처럼 바늘귀가 큰 바늘에 낚싯줄을 꿰 어 연결해도 좋다.

06
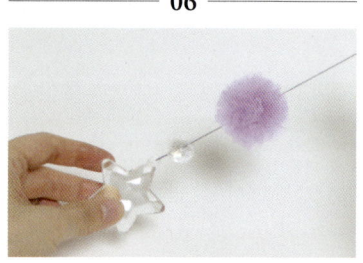

5번의 폼폼을 4번의 크리스털 2cm 위 에 멈춘다.

07

보라색 폼폼 2cm 위에 고정볼을 고정 하고 16mm 크리스털을 넣는다.

08
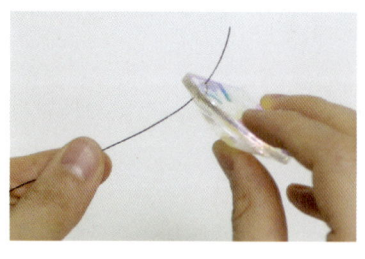

낚싯줄을 고정볼 a와 원반 크리스털 구멍에 순서대로 끼운다.

09
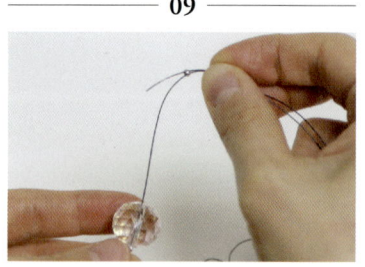

고정볼 a에 낚싯줄을 다시 넣는다.

10

줄을 당겨 7번의 크리스털 2cm 위에 원반 크리스털이 위치하도록 조정한다.

11

집게로 눌러 고정볼 a를 고정하고 남은 낚싯줄은 2mm 남기고 자른다.

12

11번에서 잘라낸 낚싯줄에 고정볼과 원반 크리스털의 다른 한쪽을 끼워 2~3번과 같은 방법으로 연결한다.

13

원반 크리스털 2cm 위에 민트색 폼폼을 끼운다.

14

8~12번과 같은 방법으로 목마의 아래, 위 양쪽을 사진과 같이 연결한다.

15

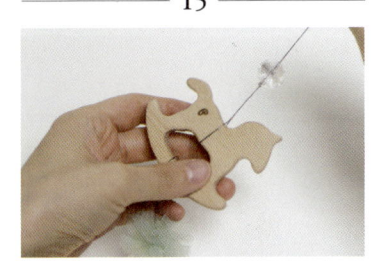

목마의 2cm 위에 고정볼을 끼우고 16mm 크리스털을 고정한다.

16

15번의 크리스털 2cm 위에 핑크색 폼폼을, 그 2cm 위에 아이보리 폼폼을 끼운다.

17

16번의 폼폼 15cm 위에 8~11번과 같은 방법으로 우드링을 고정한다.

18

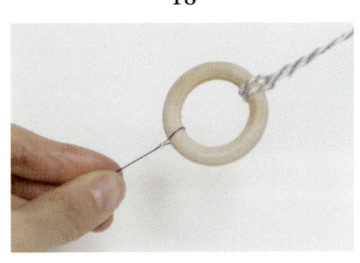

어디에든 매달거나 묶어 걸 수 있도록 우드링에 트와인 끈을 단다. 완성.

빈티지 무드

골드 컬러와 진주 소재를 사용하여
빈티지하고 유니크한 느낌으로
완성한 작품입니다. 심플하면서도
존재감 뿜뿜한 선캐처예요.

09

빈티지 무드

빈티지 무드

난이도 ★★☆

길이 85cm

너비 4.2cm

재료 | 진주링 23mm 1개, 마름모 기둥 7×23mm 1개, 주름볼 10×18mm 1개, 진주태슬 7.5cm 3줄, 메탈 프레임 42mm 1개, 웨이브 크리스털 18mm 1개, 팔각 크리스털 30×30mm 1개, 낚싯줄 0.5mm 길이 90cm 1줄, 고정볼 2mm 11개, 고정캡 3개, 록타이트 순간접착제, 체인 9cm 1개, O링 굵기 0.8mm 지름 4mm 1개, 랍스터 고리 12mm 1개

도구 | 평집게, O링반지, 가위

기법 | (93p 참조) 고정볼 고정하기, O링 열고 닫기

01

고정캡 구멍에 진주태슬 윗부분을 끼우고 매듭을 두 번 짓는다.

02
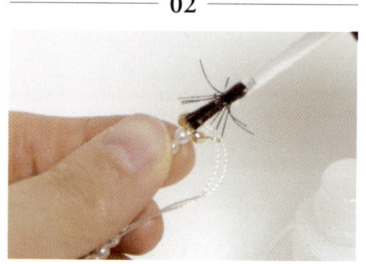

매듭을 지은 부위에 접착제를 살짝 바르고 남은 줄을 자른다.

03
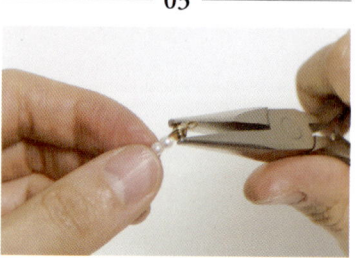

집게로 고정캡을 눌러서 닫는다. 매듭이 고정캡 안에 감춰진 형태.

04

1~3번과 같은 방법으로 진주태슬을 두개 더 완성한다(총 3개).

05

낚싯줄에 4번의 진주태슬 세 줄을 모두 꿴다.

06

낚싯줄 양끝을 같이 잡고 주름볼과 고정볼을 차례로 끼운다.

07
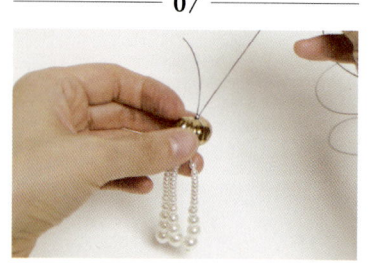

한쪽 줄을 당겨 다른 쪽 줄(a)이 2cm 정도 길이가 되도록 한다.

08

집게로 고정하고 줄 a를 2mm 남기고 자른다.

09
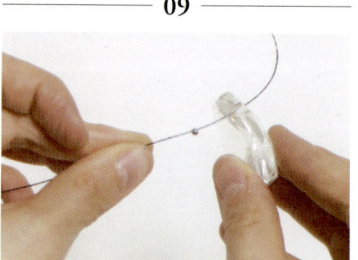

계속해서 낚싯줄에 고정볼(b)과 팔각 크리스털 한쪽 구멍을 끼운다.

--- 10 ---

고정볼 b에 낚싯줄을 위에서 아래로 다시 끼운다.

--- 11 ---

줄을 당겨 주름볼 2.5cm 위에 고정볼을 고정한 후 줄을 2mm 남기고 자른다.

--- 12 ---

잘라낸 낚싯줄 끝부분을 팔각 크리스틸의 다른 쪽 구멍에 9~11번과 같은 방법으로 연결한다.

--- 13 ---

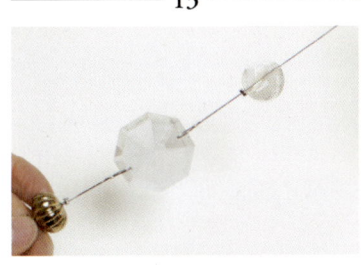

팔각 크리스틸 2.5cm 위에 새로운 고정볼과 웨이브 크리스틸을 끼우고 고정한다.

--- 14 ---

웨이브 크리스틸 2cm 위에 9~12번과 같은 방법으로 메탈 프레임을 양쪽 모두 연결한다.

--- 15 ---

메탈 프레임 2cm 위에 9~12번과 같은 방법으로 진주링 양쪽을 연결한다.

--- 16 ---

진주링 2cm 위에 고정볼로 마름모 기둥을 고정한다.

--- 17 ---

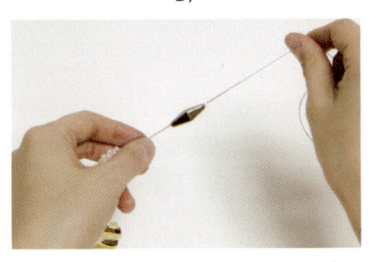

빠지지 않도록 마름모 기둥의 바로 위에도 고정볼을 고정한다.

--- 18 ---

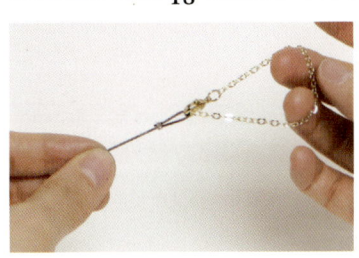

낚싯줄 끝에 고리를 만들어 체인 고리를 연결한다(38~39p 21~25번 참조). 완성.

바닷소리

자개를 적절히 배치하고 연결하여 바람에 흔들릴 때 소리가 나도록 디자인한 작품입니다.
빛 조각을 만들 뿐 아니라 서로 부딪치며 예쁘고 청량한 소리를 내요.

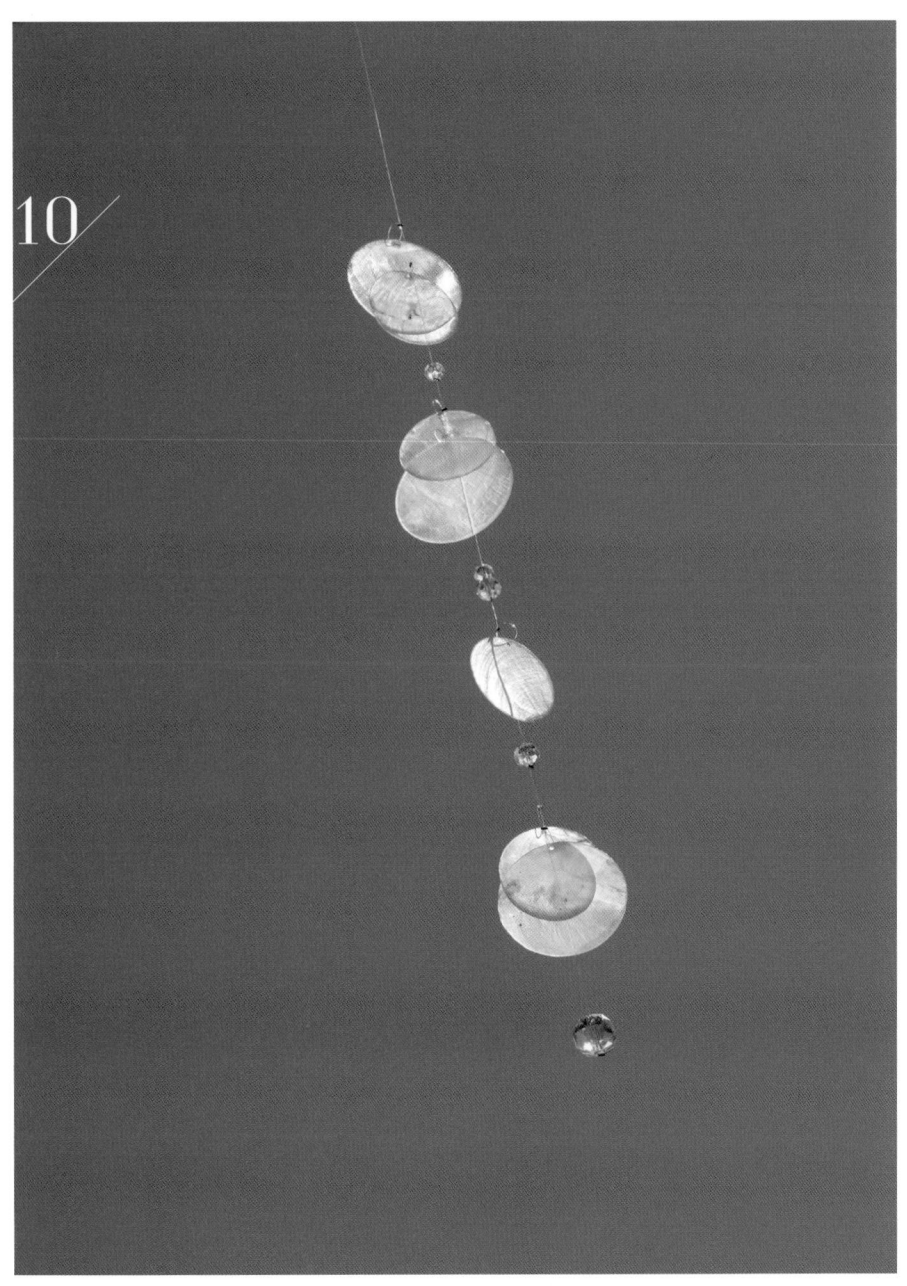

10/

바닷소리

바닷소리

난이도 ★★☆

길이 70cm
너비 5cm

재료 | 라운드 자개 7개(지름 40mm 4개, 50mm 3개), 축구볼 크리스털(AB) 4개(8mm 2개, 10mm 2개), 라운드 커팅 크리스털 16mm 1개, 낚싯줄 0.5mm 길이 80cm 1줄, 고정볼 2mm 13개, 체인 9cm 1개, O링 굵기 0.8mm 지름 4mm 1개, 랍스터 고리 12mm 1개

도구 | 평집게, O링반지, 가위

기법 | (93p 참조) 고정볼 고정하기, O링 열고 닫기

01

낚싯줄 끝에 고정볼을 하나 고정하고 16mm 크리스털을 넣는다.

02

낚싯줄에 고정볼과 50mm 자개를 끼운다.

03

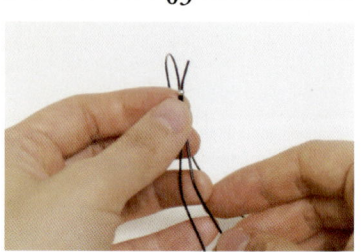

낚싯줄 끝을 2번의 고정볼 아래쪽에서 위쪽으로 다시 끼운다.

04

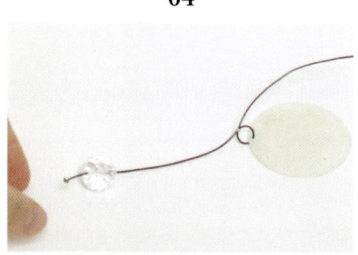

줄을 당겨 작은 고리 모양으로 만들어 1번의 크리스털 10cm 위에 고정한다.

05

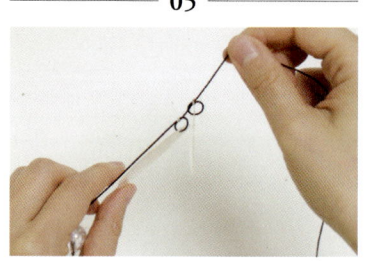

2~4번과 같은 방법으로 40mm 자개를 끼우는데, 위치는 아까 고정한 50mm 자개와 겹치도록 살짝 위에 둔다.

06

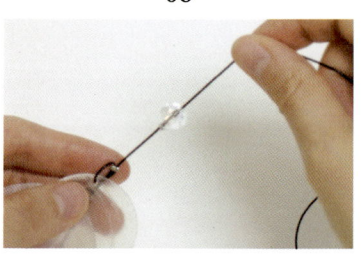

5번의 자개 1.5cm 위에 고정볼을 끼우고 10mm 축구볼 크리스털을 고정한다.

07

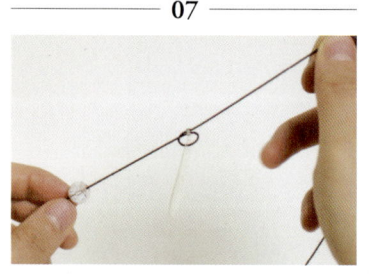

2~4번과 같은 방법으로 40mm 자개를 6번의 크리스털 5cm 위에 단다.

08

7번의 자개 1cm 위에 고정볼을 하나 끼우고 10mm, 8mm 축구볼 크리스털을 순서대로 고정한다.

09

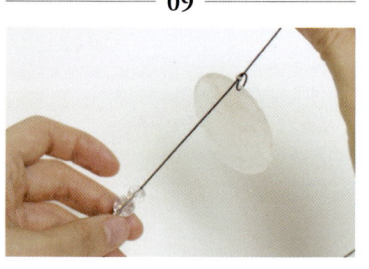

2~4번과 같은 방법으로 축구볼 크리스털의 7cm 위에 50mm 자개를 고정한다.

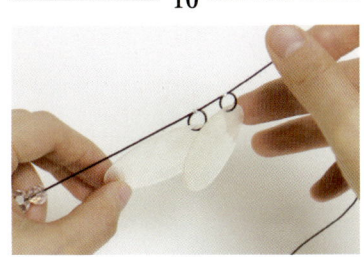

── 10 ──

2~4번과 같은 방법으로 9번의 자개
와 겹치도록 40mm 자개를 고정한다.

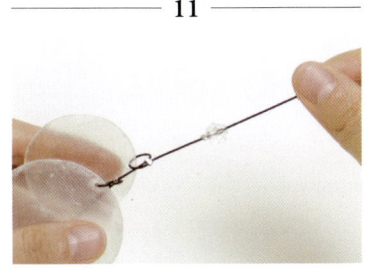

── 11 ──

10번의 1cm 위에 고정볼을 하나 끼우
고 8mm 축구볼 크리스털을 고정한다.

── 12 ──

2~4번과 같은 방법으로 11번의 크리스
털 5cm 위에 40mm 자개를 연결한다.

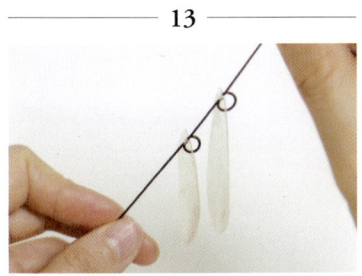

── 13 ──

2~4번과 같은 방법으로 12번의 자개
와 살짝 겹치도록 1.5cm 위에 50mm
자개를 연결한다.

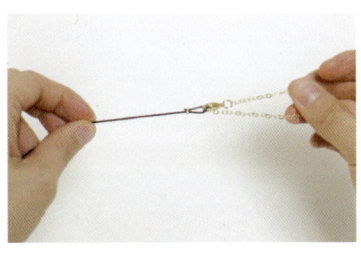

── 14 ──

낚싯줄 끝에 고리를 만들어 체인 고리
를 연결한다(38~39p 21~25번 참조).
완성.

월행잉

라탄과 나무 등 천연 소재를 주로 쓴 월행잉 오브제입니다.
빛이 드는 곳에 걸면 장식 중간 중간 들어간 크리스털이
아름다운 빛 조각을 만들어요.

난이도 ★★☆
길이 44.5cm
너비 15cm

재료 | 라탄링 35mm 1개, 50mm 1개, 우
드링 35mm 1개, 원형 우드 25mm 1개,
우드막대 두께 4mm 길이 17mm 3개, 면
태슬 42mm 1개, 목봉 두께 1.5cm 길이
15cm 1개, 타원 크리스털 30×50mm 1
개, 라운드 커팅 크리스털 16mm 4개, 낚
싯줄 두께 0.5mm 길이 50cm 2줄, 고정볼
2mm 15개, 마끈 40cm 1개

도구 | 평집게, 가위

기법 | (93p 참조) 고정볼 고정하기

11/

월행잉

── 01 ──	── 02 ──	── 03 ──

낚싯줄에 면태슬 윗부분을 사진과 같이 끼운다.

낚싯줄의 양끝을 함께 잡고 16mm 크리스털과 고정볼 하나를 차례로 넣는다.

한 줄을 잡고 반대쪽 줄이 2cm 정도 남을 때까지 당긴다.

── 04 ──	── 05 ──	── 06 ──

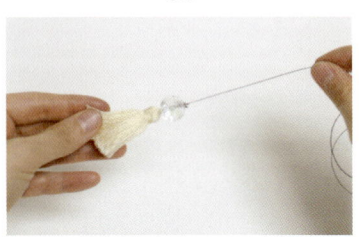

집게로 고정볼을 눌러 고정하고 짧은 줄은 2mm 남기고 자른다.

계속해서 낚싯줄에 고정볼(a)을 끼우고 라탄링을 건다.

줄 끝을 고정볼 a의 위쪽에서 아래로 다시 끼운다.

── 07 ──	── 08 ──	── 09 ──

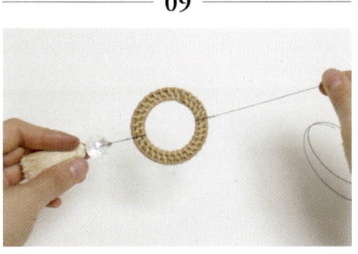

줄을 당겨 크리스털의 1cm 위에 오도록 길이를 조정한다.

집게로 고정볼 a를 눌러 고정하고 남은 줄은 2mm 남기고 자른다.

잘라내고 남은 낚싯줄에 5~7번과 같은 방법으로 라탄링 반대쪽을 연결한다.

── 10 ──	── 11 ──	── 12 ──

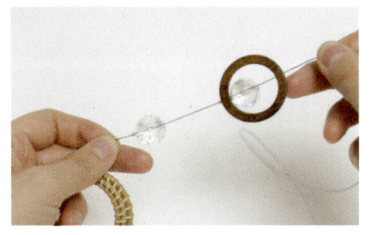

라탄링 3cm 위에 고정볼을 끼워 16mm 크리스털을 고정한다.

10번 크리스털 3cm 위에 고정볼을 고정하고 우드링의 아래쪽 구멍, 16mm 크리스털, 우드링 위쪽 구멍을 차례로 끼운다.

빠지지 않도록 우드링 바로 위쪽을 고정볼로 다시 고정한다.

The first suncatcher

──── **13** ────

새로운 낚싯줄 끝 쪽에 고정볼을 끼우고 원형 우드를 고정한다.

──── **14** ────

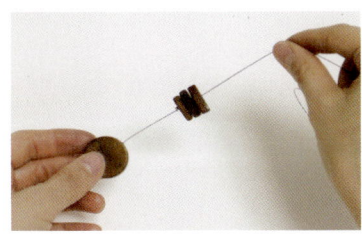

원형우드 3.5cm 위에 고정볼을 고정하고 우드막대 3개를 넣는다.

──── **15** ────

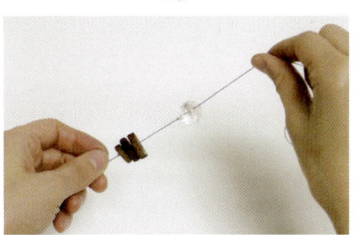

우드막대 3cm 위에 고정볼을 넣고 16mm 크리스털을 고정한다.

──── **16** ────

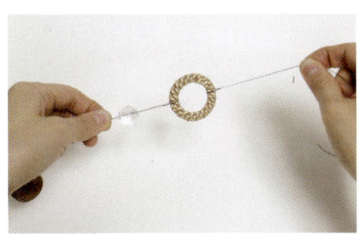

크리스털의 3cm 위에 5~7번과 같은 방법으로 3.5cm 라탄링 양쪽을 연결한다.

──── **17** ────

라탄링 2cm 위에 5~7번과 같은 방법으로 오벌 크리스털의 양쪽을 연결한다.

──── **18** ────

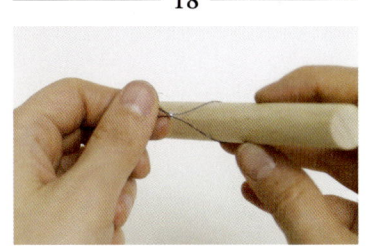

12번의 낚싯줄에 고정볼을 끼우고 목봉을 감싼 후 다시 고정볼에 낚싯줄을 끼운다.

──── **19** ────

위쪽에 5cm 정도 줄이 남도록 길이를 조정한 후 집게로 고정볼을 고정하고 남은 줄은 자른다.

──── **20** ────

18~19번과 같은 방법으로 17번 줄도 목봉에 고정한다.

──── **21** ────

마끈의 양쪽 끝을 목봉의 양쪽 끝에 감고 각각 두 번 매듭을 짓는다.

──── **22** ────

매듭을 짓고 남은 줄 끝 부분은 5mm 정도 남기고 잘라낸다. 완성.

12/

크리스마스

눈꽃 장식과 레드, 그린 컬러의 아크릴 모티브로 만든
크리스마스 시즌 선캐처 입니다.
배열을 조금씩 달리해 여러 줄을 만들어 크리스마스트리 대신 벽에 걸어보세요!
어느 때보다 반짝이는 크리스마스를 보낼 수 있을 거예요.

크리스마스

크리스마스

난이도 ★★☆

길이 82cm

너비 4.5cm

재료 | 아크릴 펜던트(팽이) 30×40mm 1개, 아크릴 눈꽃 45mm 1개, 아크릴링 32mm 2개(빨간색, 투명 각 1개), 아크릴 원형(초록) 27mm 1개, 라운드 커팅 크리스털 16mm 1개, 낚싯줄 두께 0.5mm 길이 90cm 1줄, 고정볼 2mm 10개, 체인 9cm 1개, 굵기 0.8mm 지름 4mm O링 1개, 랍스터 고리 12mm 1개

도구 | 평집게, O링반지, 가위

기법 | (93p 참조) 고정볼 고정하기, O링 열고 닫기

tip 배열을 달리해 여러 줄을 만들려면 중복 재료와 함께 초록색 아크릴링, 빨간색 아크릴 원형도 준비한다(60p 사진 참조).

── 01 ──

낚싯줄 끝에 고정볼과 아크릴 펜던트를 끼운다.

── 02 ──

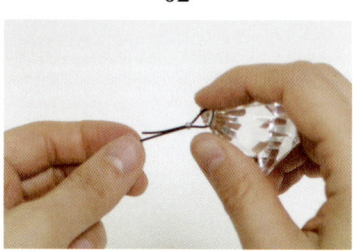

구멍으로 나온 낚싯줄을 살짝 접어서 고정볼에 다시 끼운다.

── 03 ──

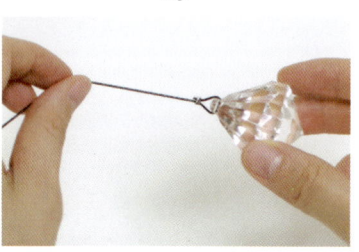

집게로 눌러 고정한 후 짧은 줄을 자른다.

── 04 ──

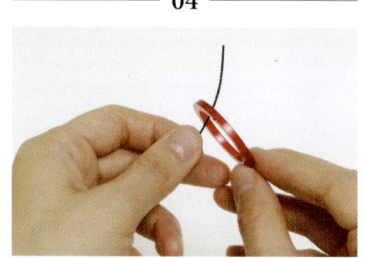

낚싯줄에 고정볼을 끼우고 빨간색 아크릴링을 건다.

── 05 ──

줄을 4번의 고정볼에 다시 끼우고 당겨 길이를 조정한다.

── 06 ──

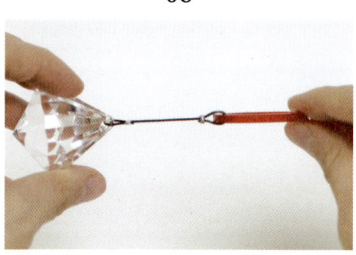

아크릴 펜던트 3cm 위에 빨간색 아크릴링을 고정하고 남은 줄을 자른다.

── 07 ──

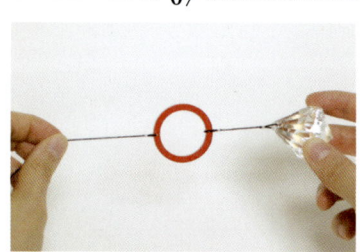

잘라낸 줄을 1~3번과 같은 방법으로 빨간색 아크릴링 반대쪽에 연결한다.

── 08 ──

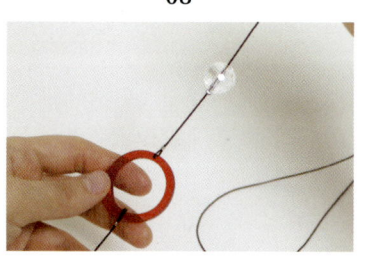

빨간색 아크릴링의 3cm 위에 고정볼을 고정하고 16mm 크리스털을 넣는다.

── 09 ──

4~7번과 같은 방법으로 아크릴 눈꽃을 8번의 크리스털 3cm 위에 연결한다.

—— 10 ——

낚싯줄에 고정볼(a)을 넣고 초록색 아
크릴 원형을 끼운다.

—— 11 ——

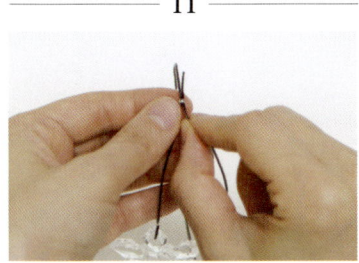

낚싯줄 끝을 고정볼 a의 아래쪽에서
위쪽으로 다시 끼운다.

—— 12 ——

줄을 당겨 사진과 같이 동그란 고리를
만들어 아크릴 눈꽃 6cm 위에 오도록
한 다음 고정볼 a를 고정한다.

—— 13 ——

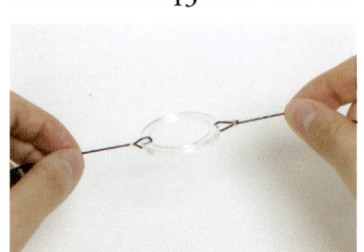

4~7번과 같은 방법으로 투명 아크릴
링을 초록색 아크릴 원형 3cm 위에
연결한다.

—— 14 ——

낚싯줄 끝에 고리를 만들어 체인 고
리를 연결한다(38~39p 21~25번 참
조). 완성.

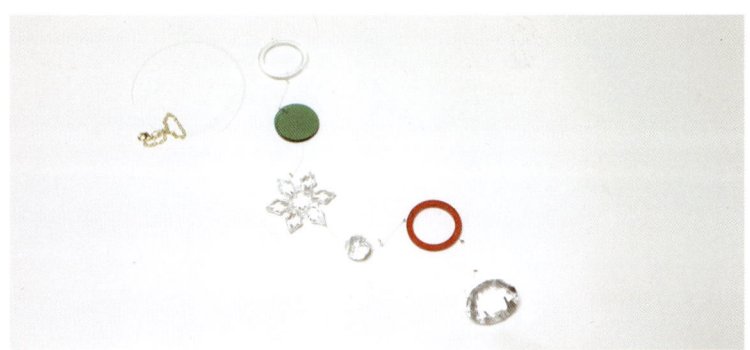

13 /

드림 선캐처

선물 받은 드림캐처에 크리스털을 달아 선캐처로 만들었어요. 낮에는 빛을 모아 전해주고 밤에는 악몽을 막아주는 기특한 드림+선캐처예요.

난이도 ★☆☆
길이 52cm
너비 10cm

재료 | 작은 드림캐처 1개, 긴 물방울 크리스털 20×75mm 2개, 오벌 크리스털 25×12mm 3개, 원반 크리스털(연보라) 8mm 10개, 삼각 크리스털(보라) 10mm 2개, 축구볼 크리스털(AB) 9개(8mm 5개, 10mm 4개), 고정볼 2mm 18개, 낚싯줄 두께 0.5mm 길이 40cm 2줄

도구 | 평집게, 가위

기법 | (93p 참조) 고정볼 고정하기

tip 지름 10cm 정도의 작은 드림캐처에 어울리는 작업이므로, 갖고 있는 드림캐처가 크다면 크리스털 구성과 줄의 길이를 달리해 개성 있게 변형하도록 한다.

01

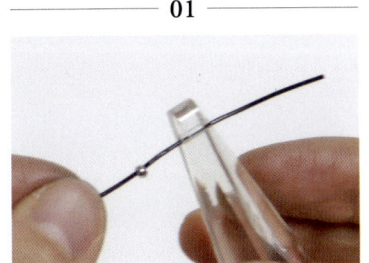

낚싯줄 하나에 고정볼과 긴 물방울 크리스털을 끼운다.

02

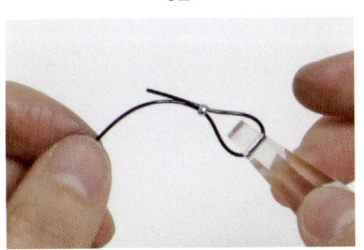

낚싯줄 끝을 위로 살짝 접어서 다시 고정볼에 끼운다.

03

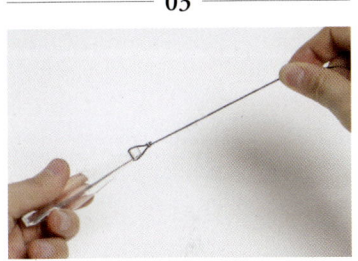

집게로 눌러 고정하고 짧은 줄은 2mm 남기고 가위로 잘라낸다.

04

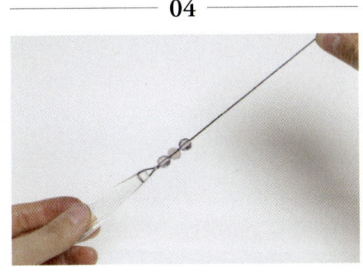

그 위에 원반 크리스털 3개를 연속으로 넣는다.

05

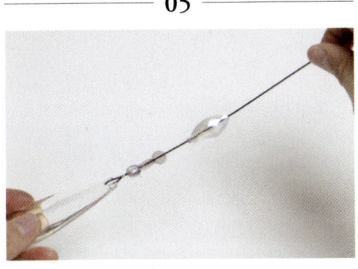

4번의 원반 크리스털 1.5cm 위에 고정볼을 넣고 오벌 크리스털을 고정한다.

06

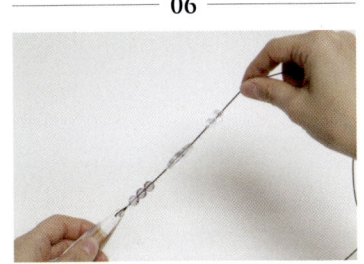

오벌 크리스털 1.5cm 위에 고정볼을 넣고 8mm, 10mm 축구볼 크리스털을 순서대로 끼워 고정한다.

─ 07 ─

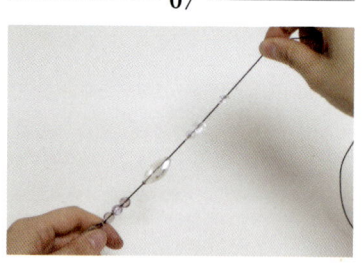

축구볼 크리스털의 1.5cm 위에 고정볼을 넣고 8mm 축구볼 크리스털을 끼워 고정한다.

─ 08 ─

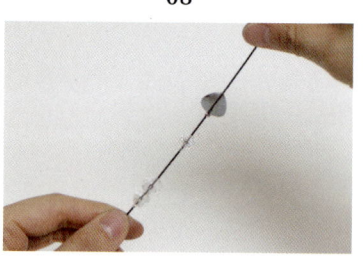

7번의 크리스털 1cm 위에 고정볼을 넣고 삼각 크리스털을 고정한다.

─ 09 ─

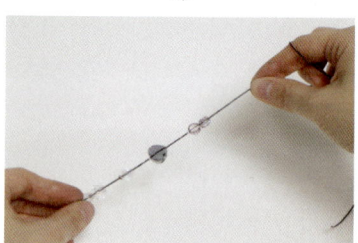

삼각 크리스털 1.5cm 위에 고정볼을 넣고 원반 크리스털 두개를 끼워 고정한다.

─ 10 ─

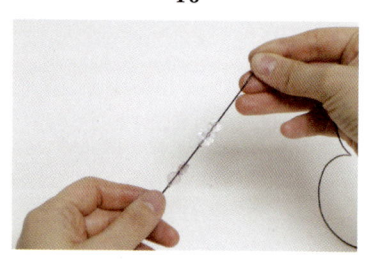

9번의 1cm 위에 고정볼을 넣고 10mm, 8mm 축구볼 크리스털을 차례로 끼워 고정한다.

─ 11 ─

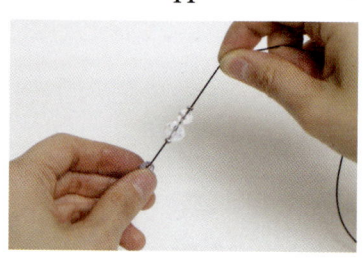

빠지지 않도록 10의 바로 위에 고정볼을 하나 더 고정한다.

─ 12 ─

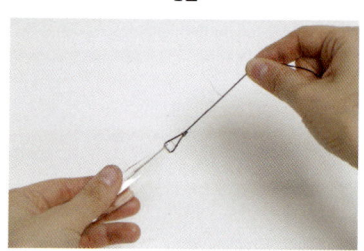

새로운 낚싯줄에 1~3번과 같은 방법으로 긴 물방울 크리스털을 연결한다.

─ 13 ─

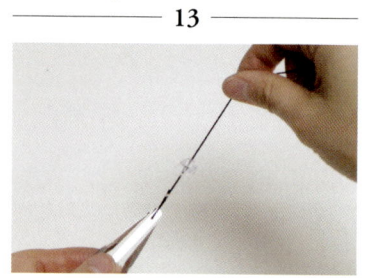

12번의 크리스털 1cm 위에 고정볼을 끼우고 10mm 축구볼 크리스털을 고정한다.

─ 14 ─

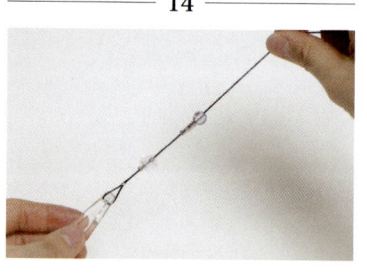

축구볼 크리스털 1.5cm 위에 고정볼을 끼우고 원반 크리스털 2개를 넣어 고정한다.

─ 15 ─

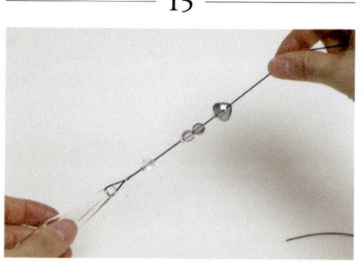

14번의 0.5cm 위에 고정볼을 끼우고 삼각 크리스털을 고정한다.

16

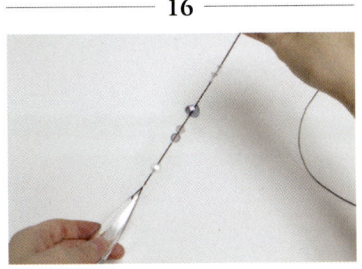

삼각 크리스털의 1.5cm 위에 고정볼을 끼우고 축구볼 크리스털 10mm, 8mm를 순서대로 넣어 고정한다.

17

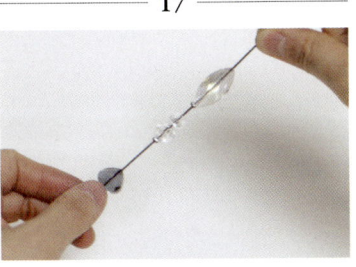

16번의 크리스털 0.5cm 위에 고정볼을 끼우고 오벌 크리스털을 넣어 고정한다.

18

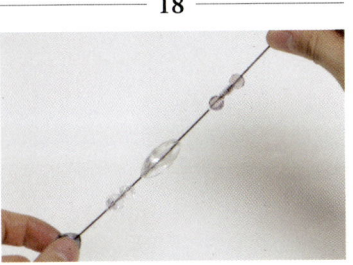

17번의 오벌 크리스털 2cm 위에 고정볼을 끼우고 원반 크리스털 세 개를 넣어 고정한다.

19

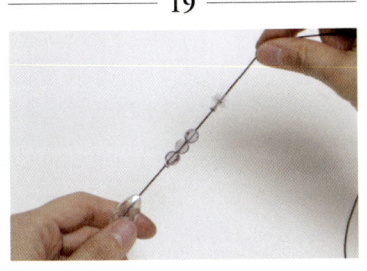

18번의 1cm 위에 고정볼을 끼우고 10mm 축구볼을 넣어 고정한다.

20

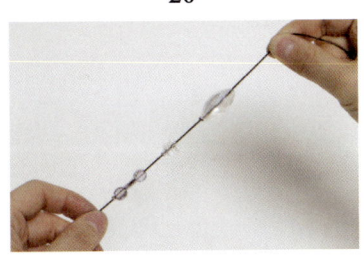

19번의 1.5cm 위에 고정볼을 끼우고 오벌 크리스털을 넣어 고정한다.

21

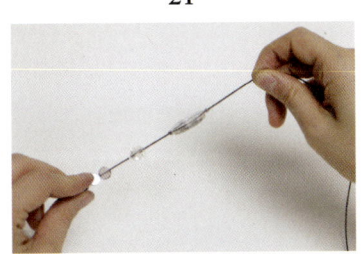

20번의 바로 위에 고정볼을 하나 고정한다.

22

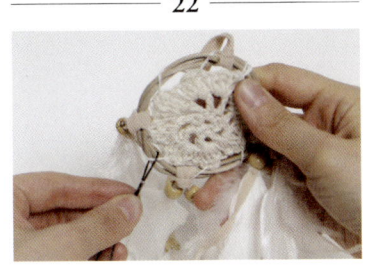

11번 줄에 고정볼을 하나 더 끼우고 드림캐처의 하단 왼쪽 가장자리에 줄을 건 다음 다시 고정볼에 넣는다.

23

줄을 당겨 길이를 조정한 후 집게로 고정하고 남은 줄을 자른다.

24

22~23번과 같은 방법으로 21번 줄도 드림캐처 하단 오른쪽 가장자리에 고정한다. 완성.

14

마크라메 선캐처

늘 같은 자리에 걸려있는 마크라메가 심심해 보인다면 크리스털을 몇 개 달아 보세요. 볼 때마다 새롭고 집안 분위기나 기분도 좋아질 거예요.

재료 | 작은 월행잉 마크라메 1개, 라운드 커팅 크리스털 16mm 1개, 마름모 크리스털 50 ×70mm 1개, 고정볼 2mm 3개, 낚싯줄 두께 0.5mm 길이 40cm 1줄.

도구 | 평집게, 가위

기법 | (93p 참조) 고정볼 고정하기

난이도 ★☆☆

길이 57cm

너비 15cm

tip

작은 월행잉 마크라메에 포인트를 더하는 정도의 심플한 구성이므로, 마크라메가 크다면 크리스털 구성과 줄의 길이를 달리해 작업하는 것이 좋다.

01

낚싯줄 끝에 고정볼과 마름모 크리스털을 끼운다.

02

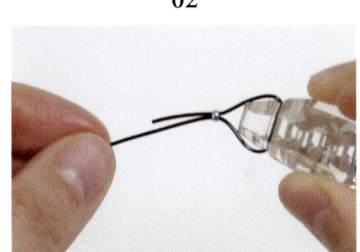

줄 끝을 다시 고정볼에 끼운다.

03

집게로 고정하고 남은 짧은 줄은 2mm 남기고 자른다.

04

2번의 3cm 위에 고정볼을 끼우고 16mm 크리스털을 고정한다.

05

낚싯줄에 고정볼(a)을 하나 더 끼운다.

06

줄을 마크라메의 목봉에 건다.

07

목봉을 감싼 줄 끝을 다시 고정볼 a에 끼우고 줄을 당겨 길이를 조정한다.

08

집게로 고정볼 a를 고정하고 남은 짧은 줄은 2mm 남기고 가위로 잘라낸다. 완성.

02 / SUNCATCHER

일상을
빛내다

가방이나 자동차 실내에 걸거나,
키링으로 활용할 수 있는 선캐처 소품 만들기

소소한 일상을 함께할 수 있는,
볼 때마다 기분 좋은 아이템
휴대하기에 좋은 선캐처 소품들입니다.
예쁘다 예쁘다 만지작거리면
흩뿌린 빛 조각이 속삭이는 것도 같습니다.
"힘내. 오늘도 너는 빛날 거야!"

15/

The first suncatcher

빛방울

빗방울 대신 빛방울. 구름모티브에 크리스털을 단 선캐처입니다.
크기가 아담해서 책상이나 소파 주변, 스탠드 등에 걸어놓으면 잘 어울려요.

난이도 ★☆☆

길이 23cm

너비 5cm

재료 | 구름 프레임 40×50mm 1개, 물방울 크리스털 16×10mm 5개, O링 13개(굵기 0.8mm 지름 4mm 12개, 굵기 1mm 지름 6mm 1개), 체인 7개(길이 1cm, 2cm, 2.5cm, 3cm, 4cm, 6cm, 9cm 각 1개), 랍스터 고리 12mm 1개

도구 | 평집게, O링반지, 니퍼

기법 | (93p 참조) O링 열고 닫기

tip

● 구름 프레임을 돌려가면서 살펴보고 모양이 약간 납작한 쪽이 정면으로 향하도록 놓고 작업한다.

● 구름 프레임 하단에 크리스털을 단 체인을 연결할 때는 각각의 위치가 조화로운지 중간 중간 확인해가며 작업한다.

01

9cm 체인 한쪽 끝에 랍스터 고리를 연결한다.

02

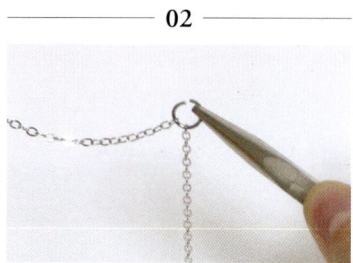

1번 체인과 6cm 체인을 6mm O링으로 연결한다.

03

구름 프레임 윗부분에 2번 체인을 4mm O링으로 연결한다.

04

1cm 체인 끝부분에 4mm O링으로 물방울 크리스털을 단다.

05

4번과 같은 방법으로 2cm, 2.5cm, 3cm, 4cm 체인의 끝부분에 각각 물방울 크리스털을 단다.

06

구름프레임 아래쪽에 4mm O링으로 4번을 연결한다.

07

5번의 다른 크리스털 체인들도 6번과 같은 방법으로 적절한 위치에 단다. 완성.

빛방울

라탄링

바닷가에서 직접 주은 조개를 엮은 듯
자연스럽고 시원한 느낌의 키링입니다.
에코백이나 네트백에 걸면 굳이
어디 갈 필요 없이, 지금 여기가 바닷가.

16/

The first suncatcher

난이도 ★☆☆

길이 18cm

너비 3.5cm

재료 | 라탄링 35mm 1개, 라운드 커팅볼 크리스털 16mm 1개, 자개 모티브(코랄 세로) 30×15mm 1개, 수정 막대 13×9mm 1개, 자개 모티브(화이트 불규칙) 12×10mm 1개, 축구볼 크리스털 10mm 1개, O링 6개(굵기 0.8mm 지름 4mm 4개, 굵기 12mm 지름 10mm 2개), 9핀 4개(굵기 0.7mm 길이 16mm 2개, 24mm 1개, 40mm 1개), 볼핀 굵기 0.7mm 길이 16mm 1개, 키링 고리 40mm 1개

도구 | 평집게, O링반지, 니퍼, 구자말이

기법 | (93~94p 참조) O링 열고 닫기, 구자말이 사용하기

― 01 ―

16mm 크리스털에 24mm 9핀을 끼우고 구자말이로 고리를 만든다.

― 02 ―

코랄 자개 모티브에 40mm 9핀을 끼우고 구자말이로 고리를 만든다.

― 03 ―

수정 막대에 16mm 9핀을 끼우고 구자말이로 고리를 만든다.

― 04 ―

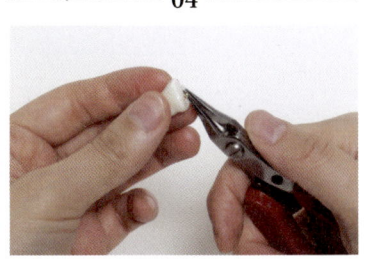

화이트 자개 모티브에 16mm 9핀을 끼우고 구자말이로 고리를 만든다.

― 05 ―

10mm 축구볼 크리스털에 16mm 볼핀을 끼우고 구자말이로 고리를 만든다.

― 06 ―

4mm O링으로 1~5를 순서대로 사진과 같이 연결한다.

― 07 ―

라탄링과 6번의 16mm 크리스털의 고리를 10mm O링으로 연결한다.

― 08 ―

키링 고리와 7번을 10mm O링으로 연결한다. 완성.

트로피컬

열대의 강렬한 색을 주제로 귀엽게
만든 키링입니다. 비비드한 컬러 덕분에
어디에 달아도 돋보여요!

The first suncatcher

17 /

난이도 ★☆☆
길이 8.5cm
너비 3cm

재료 | 아크릴 펜던트(팽이) 20×18mm, 하트(빨간색) 25×28mm 1개, 타원링(노란색) 20×32mm 1개, 나뭇잎(초록색) 20×25mm 1개, O링 7개(굵기 0.8mm 지름 4mm 3개, 굵기 1mm 지름 6mm 4개), 체인 3cm 1개, 키링 고리 40mm 1개

도구 | 평집게, O링반지, 니퍼

기법 | (93p 참조) O링 열고 닫기

--- 01 ---

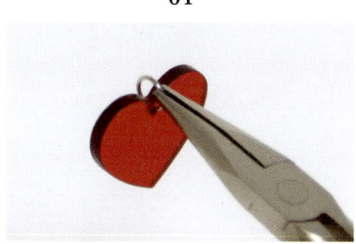

6mm O링을 열어서 하트의 구멍에 걸고 닫는다.

--- 02 ---

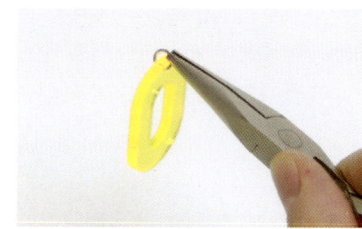

4mm O링을 열어서 타원링의 구멍에 걸고 닫는다.

--- 03 ---

2cm 체인 끝에 4mm O링으로 아크릴 펜던트를 단다.

--- 04 ---

6mm O링을 사용해 키링 고리에 1-3-2번 순으로 연결한다.

--- 05 ---

4번의 체인 중간에서 살짝 위쪽에 4mm O링으로 나뭇잎을 연결한다. 완성.

트로피컬

18 /

리본타이

크리스털에 패브릭 소재를
매치한 키링입니다.
시폰의 하늘하늘한 느낌과
반짝이는 크리스털의 매력이
어우러져 가방 참 장식으로
꽤 근사해요.

The first suncatcher

난이도 ★☆☆

길이 20cm

너비 1.4cm

재료 | 웨이브 크리스털 14mm 3개, O링 4개(굵기 0.8mm 지름 4mm 2개, 굵기 1mm 지름 6mm 2개), 9핀 굵기 0.7mm 길이 20mm 2개, 볼핀 굵기 0.7mm 길이 20mm 1개, 키링 고리 40mm 1개, 리본 두께 1cm 길이 35cm 1개

도구 | 평집게, O링반지, 구자말이

기법 | (93~94p 참조) O링 열고 닫기, 구자말이 사용하기

--- 01 ---

20mm 9핀에 웨이브 크리스털을 끼우고 구자말이로 고리를 만든다(2개 작업).

--- 02 ---

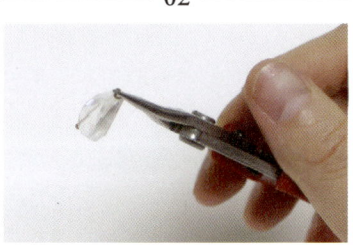

웨이브 크리스털에 20mm 볼핀을 끼우고 구자말이로 고리를 만든다.

--- 03 ---

3mm O링을 이용해 1-1-2번 순으로 연결한다.

--- 04 ---

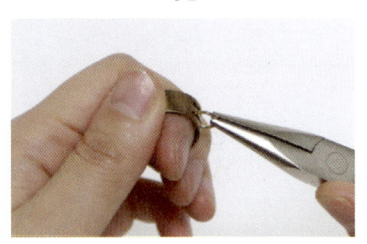

6mm O링을 틈이 없도록 닫는다.

--- 05 ---

리본을 반 접는다. 이때 양쪽 길이를 살짝 다르게 해도 좋다.

--- 06 ---

접은 부위를 4번의 6mm O링에 통과시킨다.

--- 07 ---

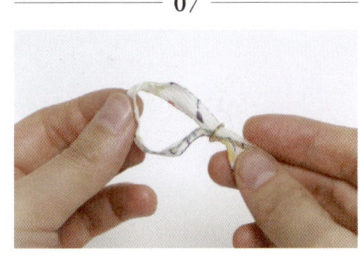

통과한 쪽의 리본을 잡아당겨 동그랗게 구멍을 만든다.

--- 08 ---

리본의 반대쪽 양끝을 7번의 구멍으로 넣는다.

--- 09 ---

길이를 조절하면서 살살 당긴다.

--- 10 ---

또 하나의 6mm O링을 열어서 3번의 웨이브 크리스털과 8번의 O링, 키링 고리를 한꺼번에 넣고 닫는다. 완성.

탄생석

태어난 달의 탄생석으로 만드는 키링입니다.
가족이나 친구의 생일에 직접 만들어서
선물한다면 정말 특별한 감동까지
안겨줄 수 있을 거예요.

The first suncatcher

19/

난이도 ★☆☆
길이 13cm
너비 1.2cm

재료 | (7월 탄생석 기준) 물방울 펜던트(시암 색) 13×10mm 1개, 타원 프레임 50×12mm 1개, 축구볼 크리스털(AB) 6mm 4개, 주판알 크리스털(시암 색) 지름 6mm 3개, O링 4개(굵기 0.8mm 지름 4mm 3개, 굵기 1mm 지름 6mm 1개), 9핀 굵기 0.7mm 길이 50mm 1개, 체인 길이 9cm 1개, 랍스터 고리 12mm 1개 또는 키링 고리 40mm 1개

도구 | 평집게, O링반지, 니퍼, 구자말이

기법 | (93~94p 참조) O링 열고 닫기, 구자말이 사용하기

tip

● 탄생석은 1월 가넷, 2월 자수정, 3월 아쿠아마린, 4월 다이아몬드, 5월 에메랄드, 6월 진주, 7월 루비, 8월 페리도트, 9월 사파이어, 10월 오팔, 11월 토파즈, 12월 터키석이다. 보석의 색에 맞춰 주 재료(크리스털)를 고르는 것이 포인트.
● 크리스털의 컬러와 순서를 변경하면 다양한 탄생석의 키링을 만들 수 있다.

01

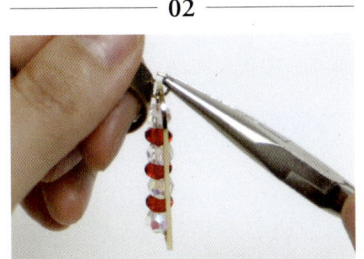

50mm 9핀 하나에 6mm 축구볼 크리스털(AB) 4개와 6mm 주판알 크리스털 3개를 번갈아 끼우고 구자말이로 고리를 만든다.

02

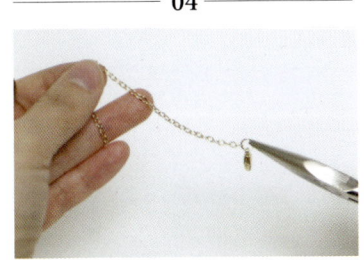

1번의 한쪽 고리와 타원 프레임의 한쪽을 4mm O링(a)으로 연결한다.

03

1번의 반대쪽 고리와 타원 프레임의 반대쪽, 그리고 물방울 펜던트의 고리까지 새로운 4mm O링에 끼우고 닫는다.

04

9cm 체인 한쪽에 랍스터 고리를 연결한다.

05

6mm O링으로 4번의 9cm 체인 끝부분과 2번의 O링 a를 연결한다. 완성.

미니 드림

드림캐처를 모티브로 디자인해본
작은 선캐처예요. 크기는 아담하지만
물방울 모양의 크리스털이
여러 개 달려 있어 많은 빛 조각을
볼 수 있습니다.

20/

난이도 ★☆☆

길이 13.2cm

너비 2.5cm

재료 | 원형 프레임 25mm 1개, 라운드 커팅 크리스털 16mm 1개, 물방울 크리스털 16×10mm 4개, O링 8개(굵기 0.6mm 지름 5mm 7개, 굵기 1mm 지름 6mm 1개), 9핀 굵기 0.7mm 길이 24mm 1개, 체인 2개(2cm, 9cm 각 1개), 랍스터 고리 12mm 1개

도구 | 평집게, O링반지, 니퍼, 구자말이

기법 | (93~94p 참조) O링 열고 닫기, 구자말이 사용하기

— 01 —

16mm 라운드 커팅 크리스털에 24mm 9핀을 끼우고 구자말이로 고리를 만든다.

— 02 —

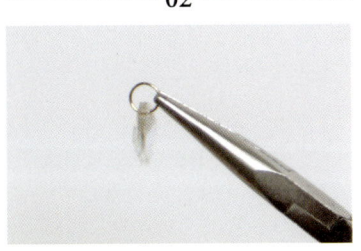

물방울 크리스털(a) 하나에 5mm O링(a)을 끼우고 닫는다.

— 03 —

2cm 체인 끝에 5mm O링(b)으로 물방울 크리스털(b)을 하나 단다.

— 04 —

원형 프레임에 또 다른 물방울 크리스털 2개(c, d)를 5mm O링(c, d)을 이용해 각각 연결한다.

— 05 —

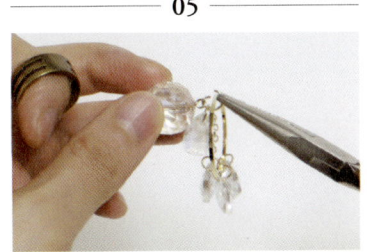

새로운 5mm O링(e)에 1번 16mm 크리스털의 한쪽 고리, 2번의 O링 a, 3번의 체인 끝부분, 4번의 원형 프레임을 한꺼번에 걸고 닫는다.

— 06 —

5번의 16mm 라운드 커팅 크리스털을 원형 프레임 안쪽으로 두고 물방울 크리스털 c와 d를 양옆으로 배치한다.

— 07 —

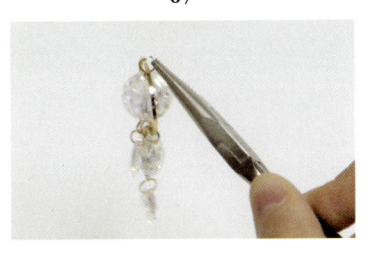

5mm O링(f)으로 라운드 커팅 크리스털 위쪽 고리와 원형 프레임을 연결한다.

— 08 —

9cm 체인 한쪽 끝부분에 랍스터 고리를 연결한다.

— 09 —

6mm O링으로 9cm 체인 반대쪽 끝부분과 O링 f를 연결한다. 완성.

03 / SUNCATCHER

선 캐 처
만 들 기 의
기 초

선캐처 상식부터 재료 구매 정보, 쉽게 배우는 기법까지

1
선캐처란?

선캐처, 빛을 들이는 인테리어 모빌

선캐처는 주로 샹들리에의 재료로 쓰이는 각양각색의 크리스털 볼에, 다른 모티브를 추가하여 만드는 모빌형 인테리어 소품이라고 할 수 있다. 외부의 빛을 받으면 아름답게 빛나고, 커팅에 따라 다양한 모양의 빛 조각(프리즘 효과)을 만들어내기 때문에 집안 분위기에 미치는 영향이나 효과가 상당하다고 할 수 있다.

아메리카 원주민이 유리나 자개 등을 걸어 놓은 것이 선캐처의 시초라고 알려져 있다. 빛의 좋은 기운을 모아 전달한다는 의미가 있어, 집들이 선물이나 생일 선물, 개업 선물 등 특별한 선물로 좋은 아이템이다. 주거 공간을 장식하는 모빌형이 기본이지만 키링이나 차량용으로 제작해 휴대하기에도 좋다.

어디에 걸어두어야 가장 빛날까?

선캐처는 햇빛이 들든 들지 않든 예쁘고 존재감 있는 인테리어 소품이지만, 햇빛을 받아 빛 조각을 흩뿌릴 때 그 가치가 치솟는다. 햇빛이 직접 닿는 벽이나 바닥, 주변에 그림자가 있는 곳에서 선캐처가 뿌리는 빛 조각을 가장 다채롭게 볼 수 있다. 직사광선이 드는 창가에 암막커튼을 치고 한 뼘 정도만 커튼을 연 후 햇빛에 선캐처의 크리스털을 갖다 대면 황홀한 빛 조각 파티를 확인할 수 있을 것이다.

그렇다면 선캐처는 어디에 걸어두는 것이 좋을까? 햇빛 드는 창가나 베란다에 거는 것이 일반적이지만, 집집마다 계절마다 해가 드는 방향이나 시각이 다르므로 시간을 두고 집에 해가 들고 나는 모습을 살펴본 후 적절한 위치를 찾는 것이 좋다.

집에 해가 잘 들지 않는다면 과감하게 실내에 걸고 조명을 비춰 빛 조각을 연출하는 것도 한 방법이다.

관리는 어떻게 할까?

선캐처에 금속 자재를 사용할 경우 변색이 될 수 있다. 변색이 적은 서지컬 금속(surgical steel) 제품을 사용하는 것이 좋지만, 원하는 형태의 다양한 프레임이나 펜던트의 서지컬 금속 제품을 찾기가 쉽지 않다. 따라서 일반 금속 자재를 쓸 경우 관리를 잘하는 것이 중요한데, 마른 수건으로 자주 닦고 비가 오는 날이나 습기가 많은 날에는 폴리백 등에 넣어 밀봉해 공기를 차단하도록 한다. 특히 염분이 있는 바닷물이나 땀이 묻지 않도록 조심한다. 라탄이나 우드 등 천연 소재도 습기를 먹으면 뒤틀릴 수 있기 때문에 건조하게 관리하는 것이 좋다.

재료 및 도구 구매처

서울 동대문 종합시장 5층 액세서리 상가에서 선캐처 재료를 살 수 있다. 도구와 부자재, 크리스털, 다양한 모티브까지 한꺼번에 구입할 수 있다. 재료들을 한눈에 살피고 고를 수 있도록 진열이 잘 되어 있고, 소량으로도 구매할 수 있는 것 또한 장점이다.

온라인에서도 재료나 도구를 구매할 수 있다. 포털 검색창에 '액세서리 만들기' 또는 '선캐처 만들기'로 검색하면 부자재를 판매하는 여러 사이트를 찾을 수 있다. 보통 도구부터 크리스털, 모티브까지 다양하게 판매하므로 원하는 물건을 검색해 구입하면 된다.

다만 주의할 것은, 이름만으로 똑같은 재료를 찾지 못하는 경우가 있다는 점이다. 예를 들어 '물방울 프레임'을 사려고 인터넷에서 검색을 해보면 이름이 같거나 비슷한데 디자인이나 크기, 품질은 제각각인 여러 제품이 검색될 것이다. 그중에서 마음에 드는 제품을 골라도 되겠지만, 책에 소개된 재료를 그대로 쓰고 싶다거나 특정한 품질의 선캐처를 만들고 싶다면 검색만으로는 한계가 있다. 따라서 적어도 한두 번쯤은 직접 시장을 방문해 다양한 재료를 눈으로 보고 구매하길 권한다. 다음은 온·오프라인 추천 구매처들이다.

애플

서울 동대문 종합시장 B동 5층 5067호에 있다. 선캐처의 주재료인 크리스털을 구입하기에 좋은 곳이다. 다양한 크기와 모양의 커팅 크리스털을 구비하고 있다.

하이그린

서울 동대문 종합시장 B동 5층 5046호에 있으며, 인터넷 쇼핑몰 (higreen8731.com)도 운영하고 있다. 온라인에서는 키트나 완제품도 판매한다. 다양한 메탈 펜던트나 프레임, 스팽글 등 부재료를 갖춰 함께 구매하기에 좋다.

비즈아이

비즈아이(beads-i.com)는 액세서리 전문 온라인 쇼핑몰이다. 선캐처 카테고리를 별도로 두고 있으며, 디자인을 제안하고 필요 재료를 소개하는 등 초보자들에게 도움 되는 구성이 돋보인다.

2

주재료

1) 아크릴

꽃이나 하트, 캐릭터 등 모양과 색상이 다양해서 선택의 폭이 넓다. 아크릴 구슬류는 크리스털처럼 선캐처에서 빛 조각을 만드는 중요한 재료로 쓰인다. 스크래치에 약한 것이 단점이지만 가격이 저렴하고 잘 깨지지 않는 것이 장점. 아이나 반려동물이 있는 경우 아크릴 소재를 사용하는 것을 추천한다.

2) 크리스털

선캐처를 상징하는 주 재료로, 빛 조각을 만드는 역할을 한다. 커팅 방식과 모양에 따라 여러 종류가 있고 크기와 색도 다양하다. 유리여서 깨질 수 있는 것이 단점이지만 스크래치에 강하고 고급스럽다. 주로 30mm 이상의 크리스털(사진 2a)을 메인피스로 하고 그보다 작은 크리스털(사진 2b~2f)로 모티브를 만들어 장식한다. 크리스털의 커팅 수에 따라 빛 조각의 수도 달라지기 때문에 커팅의 모양과 숫자도 고려하는 것이 좋다.

크리스털의 모양과 커팅 방식에 따라 물방울(2c), A컷 또는 나팔(2d), 축구볼(2e, 2f) 등의 이름을 붙여 부르기도 한다.

3) 월광석

원석의 한 종류로, 빛을 비추면 달빛을 닮은 푸른빛을 낸다.

4) 주판알 크리스털 비즈

탄생석 선캐처를 만들 때 사용한 주판알 크리스털 비즈이다. 탄생석은 태어난 달을 상징하는 보석으로, 탄생석을 몸에 지니고 있으면 좋은 일이 생긴다는 속설이 있다. 탄생석의 색에 맞춰 적당한 크리스털 비즈를 고르면 된다.

5) 펜던트

고리가 달려 있어 매달 수 있는 형태의 장식이다. 펜던트의 고리에 O링을 끼워 체인이나 다른 모티브에 연결하여 사용한다.

6) 우드/라탄

우드나 라탄 등 천연소재의 모티브는 내추럴한 느낌을 내기에 좋다. 특히 나무(우드) 소재는 따뜻한 느낌을 주기 때문에 아늑한 분위기의 인테리어나 아이 방에 잘 어울린다.

7) 메탈링 프레임

메탈 소재의 원형 프레임이다. 선캐처 중간에 연결해서 모티브로 활용하기에 좋고, 여러 줄을 매달아 모빌을 만들 때도 많이 쓴다.

8) 태슬

주로 실이나 패브릭 태슬이 많지만 유니크한 느낌의 진주나 구슬 태슬도 구매할 수 있다.

9) 자개 모티브

자개를 가공하여 만든 장식들로, 시원한 바닷가 느낌을 낼 수 있다. 특히 얇게 가공한 원형 자개 펜던트는 서로 겹쳤을 때 청량한 소리를 내어서 모빌을 만들 때 많이 쓰인다.

10) 스팽글

크리스털이 빛을 통과시켜 빛 조각을 만든다면, 스팽글은 빛을 반사시켜 빛 조각을 만든다. 꽃이나 하트, 조개 등 다양한 모양이 있어 폭넓게 활용할 수 있다.

11) 메탈 펜던트/메탈 프레임

부피감이 있는 메탈 팬던트나 프레임을 사용하면 다른 장식을 적게 달아도 허전한 느낌이 적고 존재감 있는 작품을 만들 수 있다. 도금된 자재이기 때문에 변색에 유의해야 한다.

12) 나뭇잎 펜던트

나뭇잎을 가공하여 만든 펜던트로, 무게가 가벼워 바람에 살랑 살랑 날리는 모습을 볼 수 있다.

13) 진주링

크림색 진주를 활용한 모티브로 선캐처 중간에 연결하면 우아하고 부드러운 느낌을 줄 수 있다.

14) 화석볼

원석의 한 종류로, 비비드한 컬러로 채색되어 있어 포인트 색으로 쓰기에 좋다.

15) 리본

선캐처는 진주, 원석, 패브릭 등 다양한 재료를 활용해 만들 수 있다. 특히 패브릭 소재를 더하면 가방 참 장식이나 키링 장식으로 잘 어울린다.

3
부재료

1) 낚싯줄

체인과 함께 선캐처의 기둥과 같은 역할을 하는 소재다. 낚싯줄에 고정볼을 걸고 크리스털 같은 재료를 꿰어 선캐처를 만들어나간다. 보통 굵기 0.5mm 이하의 낚싯줄을 사용한다.

2) 9핀/볼핀

크리스털이나 모티브에 끼워 고리를 만들 때 사용한다. 굵기와 길이가 다양하다.

9핀(사진 2a)은 핀 모양이 숫자 '9'와 비슷하여 9핀이라 불린다. 한쪽에만 고리가 있는데 크리스털을 끼운 다음 나머지 한쪽에도 구자말이로 고리를 만들 수 있다. 즉 크리스털을 양쪽에 연결할 수 있게 만들 때 사용한다.

볼핀(사진 2b)은 한쪽이 동그란 볼로 막혀 있는 형태다. 반대쪽으로 크리스털을 끼워 구자말이로 고리를 만들 수 있다.

3) 랍스터 고리

체인 고리를 만들 때 사용하는 마감 장식이다. 체인 끝에 달아 선캐처를 어딘가에 걸 수 있게 해준다.

4) 키링 고리

작은 선캐처를 키링으로 활용할 때 유용하다. 가방이나 에어팟 케이스, 벨트 고리 등에 매달기에 좋다.

5) 체인

사슬 체인(사진 5a), 컬러 크리스털 체인(사진 5b), 별 체인(사진 5c) 등 모양과 굵기가 다양하다. 원하는 길이만큼 니퍼로 잘라 사용한다. 주로 O링을 이용해 모티브나 메인 크리스털에 연결한다.

6) 록타이트 순간접착제

낚싯줄이나 끈의 매듭이 풀리지 않도록 할 때 사용한다.

7) O링/더블O링

O자 모양의 동그란 링이라 하여 O링이다. 원의 한쪽이 끊어져 있는 형태여서 O링반지를 이용해 벌렸다가 닫을 수 있다. 체인에 크리스털, 펜던트 등을 달거나, 모티브끼리 연결할 때 사용한다. 사진에서 볼 수 있듯이 다양한 크기의 O링이 있으며, 더블O링(사진 7b)은 스프링처럼 선이 겹쳐져 원을 이룬 모양이다. 체인과 펜던트 구멍의 크기에 따라 적당한 O링을 선택해 사용하면 된다.

8) 고정볼

낚싯줄 중간에 모티브를 고정할 때, 고정볼을 먼저 끼우고 평집게로 눌러 그 위에 꿴 모티브가 아래로 떨어지지 않고 그 자리에 걸리도록 해주는 중요 재료다. 낚싯줄로 링이나 펜던트를 연결할 때도 쓴다. 주로 지름 2~2.5mm짜리를 사용한다.

9) 고정캡

구멍지프, 고정지프라고도 한다. 낚싯줄이나 실 등에 끼워 고리를 만들어야 할 때 사용한다.

4
기본 도구

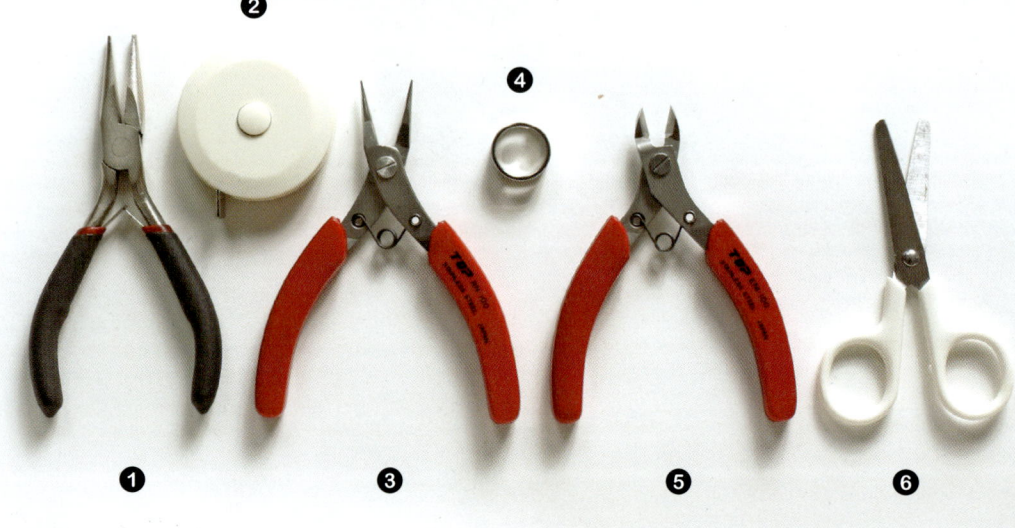

1) 평집게

O링을 열고 닫을 때나 고정볼을 고정할 때 사용한다.

2) 줄자

체인이나 낚싯줄의 길이를 정확히 잴 때 사용한다.

3) 구자말이

볼핀이나 9핀의 끝을 구부려 '9'자 모양 고리를 만들 때 사용한다.

4) O링반지

O링을 열고 닫을 때 사용한다. 주로 4칸의 틈이 있으며 O링의 굵기에 따라 맞는 틈에 끼워 사용하면 된다.

5) 니퍼

체인이나 핀 등을 자를 때 사용한다.

6) 가위

낚싯줄이나 끈을 자를 때 사용한다.

<table>
<tr><td>

<hr>

5
기본 기법

</td></tr>
</table>

1_ O링 열고 닫기

──── 01 ────

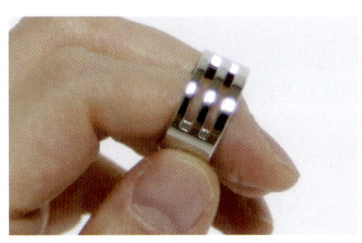

한쪽 검지에 O링반지를 낀다.

──── 02 ────

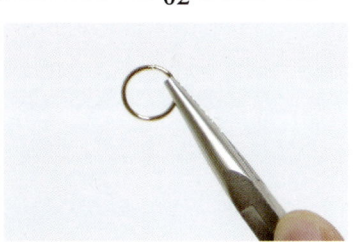

이음새 부분을 위쪽으로 향하게 하고
O링을 집게로 잡는다.

──── 03 ────

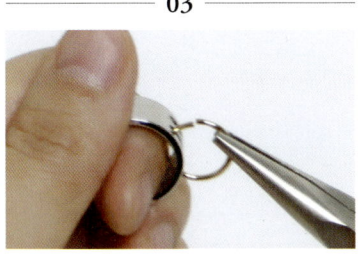

O링반지의 틈에 O링의 한쪽을 끼운다.

──── 04 ────

살짝 비틀어 O링을 연다. 반대로 비틀
어 O링을 닫는다.

2_ 고정볼 고정하기

──── 01 ────

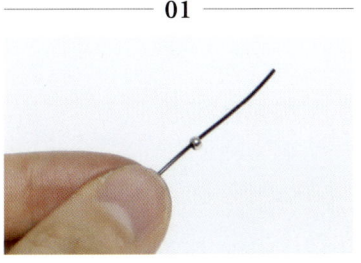

1. 낚싯줄에 고정볼을 끼운다.

──── 02 ────

2. 원하는 위치로 이동 후 집게로 세게
누른다.

──── 03 ────

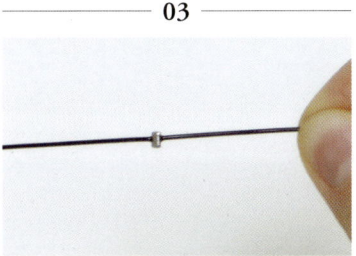

고정볼이 납작해지면서 고정이 된다.

──── 04 ────

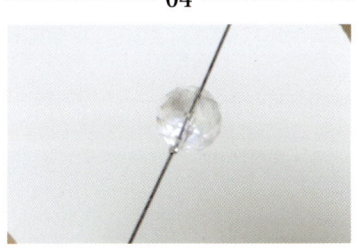

고정볼 위에 구슬이나 크리스털을 넣
으면 그 자리에 고정이 된다.

3_ 구자말이 사용하기

─ 01 ─

핀의 끝을 구자말이로 잡는다.

─ 02 ─

동그랗게 말아서 고리를 만든다.

─ 03 ─

완성한 모습.

tip

● 구자말이의 날 끝으로 말면 작은 고리를, 아래 굵은 쪽으로 말면 그보다 큰 고리를 만들 수 있다.
● 크리스털과 고리가 딱 붙어야 예쁘므로, 핀이 너무 길다면 (일반적인 크기의 고리를 만들 경우) 핀 끝을 약 8mm쯤 남기고 니퍼로 잘라낸다.

4_ 니퍼 사용하기

─ 01 ─

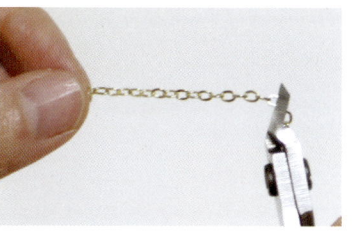

체인 자르기 : 자로 원하는 길이를 잰 후 사슬의 납작한 면을 자른다.

─ 02 ─

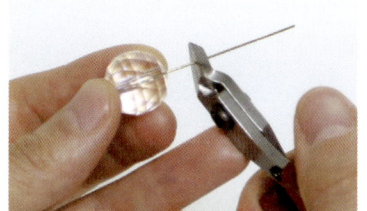

핀 자르기 : 핀이 너무 길 경우 니퍼를 사용해 잘라낸다.

tip 절단하는 부위가 날카로우므로 다치지 않도록 주의해서 사용하도록 한다.

당신의 매일이 반짝이길

처음 만드는 선캐처

지은이 프롬루
펴낸이 정규도
펴낸곳 황금시간

초판 1쇄 발행 2020년 6월 10일

편집 권명희
디자인 ALL designgroup
사진 박창완

황금시간
Golden Time

주소 경기도 파주시 문발로 211
전화 (02)736-2031(내선 360)
팩스 (02)738-1713
인스타그램 @goldentimebook
블로그 blog.naver.com/goldentimebooks

출판등록 제406-2007-00002호
공급처 (주)다락원
구입문의 전화 (02)736-2031(내선 250~252)
       팩스 (02)732-2037

값 11,500원
ISBN 979-11-87100-86-7 13630